嶋津良智著
Yoshinori Shimazu

不安をなくす技術

Forest
2545
Shinsyo

不安をなくすロードマップ

はじめに

本書をお手に取っていただき、ありがとうございます。
あなたには、何か、不安や心配事があるのですね。

「このままの収入でやっていけるだろうか」
「結婚して家庭をもてるのだろうか」
「家のローンを払えるだろうか」
「病気になって働けなくなったらどうしよう」
「会社をクビになったらどうしよう」

このような思いがうずまいているのかもしれません。

仕事に打ち込んだり、飲み会で発散したり、恋愛にかまけてみたりして、一生懸命もやもやする気持ちから逃れようとしているのかもしれません。

不安をなくせば、人生をもっと楽しく積極的に生きていくことができます。

思考が変われば行動が変わり、行動が変われば人生が変わります。

本書では、こうした不安から解放されるためのテクニックをまとめました。


不安って、どんなものでしょう。

私はこんな感じかなと思っています。

夕暮れ時、太陽はもう沈んだけれど、真っ暗ではない時間帯があります。

あらゆるものが色を失い、輪郭だけがぼんやりと浮き上がった世界です。

仕事が終わり、あなたは独り暮らしのアパートに帰ってきました。

薄暗い部屋の電気をつけようと思ったとき、部屋の奥で黒い影が動いたような気がしました。

「何かいる?」

目をこらすと、そんな影はありません。

「気のせいかな？」

そう思った瞬間、再び何かが動きました。

気のせいではありません！　何かいます！

胸の奥が「ざわざわ」「もやもや」「ぞわぞわ」する感覚に襲われます。

その感覚は少しずつ広がっていきます。


あなたが帰宅した時刻、昼が夜に変わる時刻を「逢魔《おうま》が時」といいます。

電気のない時代、この時間帯には「魔物が現れる」と信じられていました。

「黄昏時《たそがれ》」ともいいます。

あらゆるものが見えにくい時間帯で、人とすれ違っても誰なのかわかりません。

そのことから「誰《た》そ彼《かれ》」（彼は誰？）が転じて、「たそがれ」と呼ばれるようになったのです。

そんな時間帯にあなたの目の前に**ぼんやりとした影**が現れます。

これが**不安**です。

あなたはいろいろなことを考えるでしょう。

「泥棒が入ったのかもしれない！」

「あの影が今晩襲ってきたらどうしよう！」

「私に恨みをもつあいつが潜んでいるのかもしれない！」

「このアパートには幽霊が出るかもしれない！」

あなたは悩み苦しむことになります。


不安が「夕暮れ時にぼんやり見える影」なら、あなたには3つのことができます。


1つ目。まず、**影があるなと眺めます**。

影を影として意識するだけで、特別な感情はもたず、何もしません。

ちょっと離れたところから眺めて、ただ受け止めるだけです。

受け止めて、それ以上は何も考えません。

2つ目。**行動を起こします**。

たとえば、電気をつけてみます。すると、

「何だ、ネコが動いただけか……」

「風でカーテンが揺れたのか……」

などと影の正体がわかります。

不安は立ちどころに消えていきます。

不安は行動によって消せるものです。

3つ目。**影があってもしかたないと思います**。

不安のなかには行動によって消せるものと、そうでないものがあります。

そうでないものについては、あがいても無駄です。

そこで不安が心のなかにあっても「まあ、いいか」とあきらめます。

本書では不安をとりのぞく方法を、順を追ってなるべく具体的にまとめました。

1章では、**不安についての対処方法**をおおまかにお話しします。

1つ目は、自分が「もやもやしているんだな」という心の状態を眺めることです。

2つ目は、「もやもや」の正体が心配事であるときです。心配事は別名「課題」です。課題を解決することによって「もやもや」は減っていきます。

3つ目は、「もやもや」の原因がわかっても、神様にまかせるしかないな、というときです。あれこれ考えてもしかたがないので、ほったらかします。

2章では、**この本のゴールを書きました**。

不安なとき身体は動いていません。心はうねうねと動いているのですが、何もしていないことが多いのです。

そこで身体を動かします。行動することが安定に向かいます。

コマが勢いよく回っているところをイメージしてください。一本足という不安定な形なのに、軸がぶれることもなく静かに回転しています。とても静かで安定しています。

でも、実際には高速で回転しています。

これと同じことで、私たちも動くことで安定することができます。

不安はなくしても、また生まれてきます。不安が次々と発生する世の中を、安定した気持ちで生きていくには行動を起こすのがいちばんです。

3章は、**行動を起こすヒント**です。2章で、行動こそが安定への道というお話をしますが、いきなり行動しろといっても、何をしたらいいかを考えることはむずかしいでしょう。

そこで心配事に注目します。

心配というのは「心の目覚まし時計」です。このアラームを消すために起き上がるのです。こうすることで不安は消えていきます。

4章では、**行動のさまたげとなる迷い**について考えます。
不安を心配に変えたとき、どうしても先が見通せないことがあります。
迷いは行動を止めてしまいます。迷った状態が長く続くと、再び身体は静になり不安が生まれてきます。

5章では、**不安とのつきあい方、距離の置き方**についてです。不安はなくても、また、生まれてきます。「もやもや」の原因がわかっても、神様にまかせるしかないな、ということもあります。不安を抱えながら生きていくということについてお話しします。

あなたの心が少しでも軽くなれば、こんなにうれしいことはありません。

嶋津良智

1章 不安を眺める技術

2章 不安を消す技術

5 壁を打ち破る8つの「不安を消す」技術・79

6 「不安から逃げる行動」「不安に向き合う行動」• 106

3章 不安を心配に変える技術

4章 行動を続ける技術

5章

不安とつきあう技術

1章

不安を眺める技術

1 あなたはどんなときに不安になる？

▼日本人の不安ベスト3は「老後の生活や年金」「健康」「高齢」

この章では、不安を眺める技術についてお話ししますが、その前に、**不安とはどんなものか、どういうときに不安を感じるか**について、考えてみましょう。
どういうものかわかっていれば、安心して眺めることができます。

セキュリティー会社のセコムが「日本人の不安に関する意識調査」を行いました（２０１４年９月発表。20代〜60歳以上の男女、各年代男性50名、女性50名の計５００名が対象）。この調査は、２０１２年からはじまり、２０１４年で３回目。

日本人がどのようなことに不安を抱いているかを調査しています。
その結果は次のとおりです。

1位「老後の生活や年金」
2位「健康」
3位「高齢」

また、2014年に新たに追加された「認知症」に関しては、5割の人が「自分の認知症」に不安を感じ、6割の人が「家族の認知症」に不安を感じていました。

「老後の生活や年金」「健康」「高齢」などの不安も、「夕暮れ時にぼんやりと見える影」です。

現在は関係ないように思っていても、近い将来、必ず訪れます。あなたも自分の老後や健康について、まったく考えたことがないわけではないでしょう。

▼「ぼんやり見える」から不安を感じる

私は現在、リーダーを育成する専門家として、講演や企業研修を行っています。

研修中、参加者にイスの上に立ってもらい、

「目を閉じたまま1回転してください」

と言うことがあります。

多くの人ができません。イスから落ちるのではないかと、**不安になっている**のです。

次に、目を開けて同じ動作をしてもらいます。

今度は問題なく1回転できます。

この違いがどうして起きるのかわかりますか？

研修参加者に尋ねると、

「目に見えないから不安を感じる」

と、ほとんどの人が答えます。

惜しいのですが、厳密には違います。

完全に見えないからではなく、**ぼんやり見えたから不安になる**のです。

目を閉じてイスにのったときに不安になるのは、目を閉じる前にイスの大きさや高さを見ていたからです。目を閉じても残像は残っています。

もし本当に何も見えなければ、不安を感じることはなかったでしょう。

2014年の夏、東京でデング熱が流行しました。

デング熱を知らないころは、当然、デング熱への不安はありません。

しかし、少し知ったことで、不安は大きくなりました。

シンガポールではデング熱は当たり前でした。

街を歩いているだけでデング熱になる可能性が普通にあるからです。

国の法律でペストコントロールというものが決められ、週1回、蚊を駆除しています。

なので蚊の発生数は少ないのですが、それでもデング熱にかかる可能性はあります。

ですが、そんなことを気にしていたらシンガポールの街から人がいなくなってしまうでしょう。シンガポールの人たちは蜂《はち》に刺されるような感覚でした。

私もぜんぜん心配していませんでした。そういうものを気にしていたらシンガポールでは生きていけないのです。

私たちは、ぼんやり見えるもの、少し知っていることに不安を感じます。

私たちは、ぼんやり見える未来に向かって生きています。

だから、**毎日不安に直面するのはしかたない**ことです。

▼「実現できそう」「実現しそう」だから不安

ぼんやり見える未来とは、別の言い方をすると、将来実現しそうなことです。

それは悪いことばかりではありません。**よいことでも、「もしかしたら起きるかもしれない」ことに不安を感じる**ことがあります。

ある会社の主任だった女性が上司に呼ばれ、来期からマネジャーになるよう言われました。彼女は、

「自分にマネジャーがつとまるだろうか」

と不安になりました。でも、考えてみてください。

これはおぼろげながら「自分がマネジャーになった姿」をイメージできるから不安になるのです。

一方、実現しそうもないことを考えても、不安にすらなりません。

あるとき、「もし私のところにイタリアのサッカーリーグ・セリエAからオファーがきたらどうしようか」と考えてみました。

「希望のチームと契約できるだろうか……」

「ポジションを獲得できるだろうか……」

「年間何本のゴールを決められるだろうか……」

いろいろ考えましたが、現実の自分とまったく接点がないので、自分事として考えることができず、まったく不安になりませんでした。

私にとってサッカー選手になることは、ぼんやりとした未来ですらありません。


では、トップクラスのJリーガーだったらどうでしょう。

ヨーロッパの名門チームからオファーが届いたときに、

「果たして一流選手に混じってレギュラーポジションが獲得できるだろうか……」

「うまくいかなかったとき、自分の選手生命はどうなってしまうのだろうか……」

「英語もイタリア語もスペイン語もできない自分がチームメイトとコミュニケーションがとれるだろうか……」

などと、不安になるでしょう。

よいことにしろ、悪いことにしろ、何かに不安を感じたら、あなたはそのことに実現の可能性があると感じているということです。

つまり、**ある出来事が不安かどうかは自分自身が決めている**のです。

▼「自分への期待」を不安と感じる

それは別の言い方をすれば期待です。自分への期待です。

見方を変えれば、不安とは、**自分自身に可能性を感じている証拠**です。

こんな経験はありませんか。

小中学生のころに、

「学級委員に選ばれたらどうしよう……」

「リレーの選手になったらどうしよう……」

「学芸会の主役に選ばれたらどうしよう……」

などの不安をもったことはないでしょうか。

これは選ばれる可能性があることを感じたうえで、「よい結果を残さなくてはならない」と思ったために不安になっているのですが、そこには**「できるかもしれない」という期待**が含まれています。

この場合、「できるかもしれない」が「できる」という確信に変われば不安は消えます。

孫正義さんは、2014年に米国の携帯電話会社スプリント社を買収しました。普通の経営者であれば、

「やっていけるだろうか」

と不安になる場面でしょう。

しかし、孫さんは、世界一の企業になることを想像してワクワクし、不安など微塵《みじん》も感じていません。「自分はできる」と確信し、何をどうしたらゴールに到達するかを考えています。

このように同じ場面に直面しても、不安を感じる人、期待を感じる人がいます。

不安は何らかの出来事によって生まれるのではなく、**その出来事のとらえ方によって生まれます**。

▼変換装置の設定が「厳しめ」モードになっている

「この仕事を月末までにやってほしい」

と上司に言われたとします。Aさんは「はい、わかりました」とすんなりとりかかりましたが、Bさんは、「どうしよう。できるかな」と不安を感じています。

同じ出来事を体験しても、それを不安と感じる人、そうではない人がいます。

その理由は、変換装置です。

出来事と心の状態は直接つながってはいません。

出来事と感情の間には、変換装置が介在しているのです。

この変換装置の設定は人によって違います。

たとえば、

「自分一人で○○しなければならない」

「完璧《かんぺき》に○○しなければならない」

「〇〇できないと評価が下がる」

という強い変換装置をもっていたとします。

すると「この仕事を月末までにやってほしい」という上司の指示も少し違って聞こえてきます。不安を感じているBさんは、

「この仕事を自分一人で月末までに完璧に仕上げなくてはならない。もしこの仕事ができないと評価が下がる」

と思い込んでいるのです。

Bさんは「上司の仕事の与え方はきつい。いつも私を不安にさせる」と言っていますが、実際にはBさんの変換装置が「**自分に厳しい設定**」になっていたのです。

不安を感じたとき、その原因が出来事にあるという考え方をいったん傍らに置き、変換装置の設定に注目してみましょう。

▼「変換装置」を調整すると不安がなくなる

そもそも人間は思い込みをもちやすいのです。つまり、変換装置の設定が自分に厳しくなっているのです。しかし、設定を変えることはできます。

まず、**変換装置が正しく設定されているかどうかに疑問をもちましょう。**設定を調整する「疑問言葉」には次のようなものがあります。


「本当に○○でなくてはいけないのかな？」

「100％○○でなくてはいけないのかな？」

「100人いたら100人とも○○だろうか？」

「○○ができなかったら死んでしまうかな？」

「あらゆる場面で○○だろうか？」

このように自分に聞いてみると、

「100％ではなくとりあえずは85％でもいいいんじゃないか」

「○○ができなくても死ぬことはないな」

「○○でなくてもOKな場面はいろいろあるな」

などと、さまざまな反論が思い浮かびます。


そうしたら変換装置の設定を、次のように緩めます。

- 「～しなきゃだめだ」↓「そうだったらいいなあ」
- 「絶対に～だ」↓「それがすべてではない」
- 「～であるべき」↓「～だったらいいなあ」

変換装置の設定が変わるだけで、不安を減らすことができます。


私の友人は、昇進の辞令を受けたとたんにストレスで身体を壊してしまいました。

彼女はとてもまじめな人で、

「完全にいい上司になって、部下全員に信頼されなければだめだ」

という思い込みをもっていたのです。

そこで私は、「変換装置の設定を調整する」ことをすすめました。

まず彼女は、いくつかの疑問言葉を投げかけました。

「世の中のマネジャーは全員がよいマネジャーだろうか？」

「部下から嫌なマネジャーだと思われている人は、うちの会社にもかなりいるのではないか？」

このように考えているうちに、

「べつに部下全員に信頼されなくてもいいじゃないか」

「相性の合わない何人かの部下から嫌われるのは普通のことじゃないか」

と変わりました。

さらに、

「完全にいい上司でなければならない」→「いい上司になれればいいなあ」

と置き換えました。

すると**気持ちがとても楽になり**、信頼される上司になるための**具体的な行動を考えることができました**。

彼女は沈滞した状態から抜け出し、前向きに歩きはじめることができたのです。

▼不安は「心の状態」によって変わる

不安は心の状態によっても変化します。

心の状態が悪いと不安になりやすいのです。

知人の長男（中学生）がオーストラリアに留学したいと言いはじめました。知人は、父親として不安を抱くようになりました。

行くなら高校を卒業してからがいいとも考えました。

しかし、冷静に自分の心のうちをのぞいてみると、自分のなかに**寂しいという感情**があることがわかりました。

息子を海外に出したくないという気持ちから、**いろいろな不安要素を集める**ようになっていました。

彼は、「自分が息子と離れるのが寂しいのだ」という気持ちを認めました。

すると、それからは不安を集めることはなくなり、留学を応援できるようになりました。

また、悪い出来事を経験して心の状態がマイナスになると、ネガティブなスイッチが入りやすくなります。

これ以上、悪いことが起きないようにという危機意識が働いているからです。

いろいろな物事をネガティブに感じるようになります。

人は不安なとき、最悪の事態に備えて心の準備をします。

ですから、よい情報よりも、**悪い情報に注意が向けられ、どんどん不安を強めていきます**。

たとえば、株式投資です。ある株に関して、「上がる」という情報と、「下がる」という情報が同じくらいあったとします。

ですが信頼しているディーラーに、「今の相場はバブルぎみだから、何かあったら大暴落しますよ」と言われたとたんに、「下がる」という情報にばかり目がいくようになります。

ディーラーの言葉を「やっぱりそうなんだ」と確認するのです。

人間は損をすることを本能的に嫌います。そのために損をして**後悔しないためのネガティブ情報をあえて拾い上げる**のです。

数年前に新規事業をやろうと思ったことがありました。

自分でも「いける」と思い、人集め、資金集めをはじめました。ところが、あるパートナーが、

「自分はこの事業がうまくいくとは思えない。悪いけど自分は降りる」

といってやめてしまいました。

信頼していた人だったので、私も急に不安になりました。

するとその事業に関する情報を見聞きするときに、マイナスの情報ばかりが入ってくるようになりました。「いける」と思っていたときは、プラスの情報ばかりを拾っていたのに、突然マイナスの情報ばかりに目がいくようになりました。

その不安は自分のなかで増幅し、結局その事業をとりやめました。

うまくいかないと思いはじめた瞬間に、自分のなかで**うまくいかない理由探しをはじめた**のです。

ただ、これはいろいろな角度からあえてネガティブに考えて「それでもおまえはやりたいと思うのか?」と自分の本気度を自分自身に確認している「嶋津流　失敗しないためのネガティブ思考術」でもあります。

不安はいろいろなことに左右されます。

体調が悪いから普段気に留めなかったことに対して不安になる、疲労困憊《こんぱい》しているから不安になるという日もあります。

そういう日は十分に休養をとります。体調が回復すると同時に不安が消えていることとがあります。

まとめ

□人は、ぼんやりと姿が見えるもの、実現しそうなことに不安を感じる。
□自分への期待を不安と感じることもある。
□心の状態に左右されるので休養を取ることも大切。

2

「不安を眺める」5つの技術

不安を眺める技術①

「小さな自分」に聴診器を当てる

不安というものがだんだんわかってきましたか？

では、そろそろ不安を眺めてみましょう。

あなたが心のなかで感じた夕闇《ゆうやみ》でうごめく影を、少し離れて見つめます。

やっかいな不安は早く消し去ってしまいたいと思うでしょう。

ですが、**人間が生きていくうえで、不安はとても大切な役割**を果たしています。

不安を感じるということは、先を見通して問題を解決し、障害物を避けようとする、自己防衛本能が働いているのです。

それに**不安は見ないようにすると、むしろよく見えるようになります。**

ハーバード大学の教授だったダニエル・ウェグナー氏が中心となって行った有名な実験があります。

被験者は「シロクマについて考えないように」と指示されます。

しかし、そのせいでシロクマのことが頭から離れなくなりました。

その後、指示が解除されても、被験者はシロクマについて考え続けました。

心のなかの影を考えないようにすると、影はどんどん大きくなっていきます。

ですから、影の存在をいきなり消し去るのではなく、何となく眺めることが大切です。

心のなかに「もやもや」を感じたら**ゆったりと深呼吸を10回繰り返し、心のなかで起きていることに注目**します。

深呼吸をしながら次のようにイメージします。

あなたは小児科のお医者さんです。

そして、小さな自分自身に聴診器を当てています。

サッカーの本田圭佑《けいすけ》選手がACミランへの入団会見で、自問自答することを「リトル本田に聞いた」と表現していましたが、あなたも自分で、小さな自分の状態を検査するのです。

するといろいろなことがわかるでしょう。

「もやもやを感じているんだね」

「おなかのあたりに少し重いような感覚があるんだね」

「胸のあたりがきゅんとするような感覚があるね」

などと思います。

まずは思うだけでいいですよ。

あるがままを感じ、もやもやしていることを認めます。

口に出して言ってみるのもいいでしょう。

「首のあたりが重苦しいんだね」

などと、小さな自分に思いやりをもって語りかけます。

不安を眺める技術②

▼「今ここ」に集中する「マインドフルネス」

最近、ストレスに対処できるよう心を整える技術「マインドフルネス」が、欧米で注目されています。「マインドフルネス」とは、「**意図的に、今この瞬間に注意を向けること**」です。

欧米では、ストレスに対処する技術として1970年代から普及し、90年代からは心理療法にも導入されました。

インターネット検索サービスの米グーグルは、2007年から社員の研修に導入し、集中力や創造性を高めています。

マインドフルネスの方法はさまざまです。

・イスに座って楽な姿勢で、呼吸に意識を集中する
・歩きながら足の感覚に意識を集中する
・水を飲んで口、のど、胃などの感覚を観察する

さまざまな方法があるのですが、いちばん大切なのは、**今ここにある身体の感覚や気持ちに気づく**ことです。

不安を眺める技術③
▼「不安ログ」で不安の大きさを知る

不安の原因がわからないまま、不安になっていることがあります。
私はそういうとき**「自分が何に対して不安を感じているか」を書き出してみます。**
たとえば、次のように書きます。

○月○日
・来週のセミナーの準備ができていなくて不安だ
・子どもの学校のことが不安だ
・年金がもらえるかどうかが不安だ

これは「不安の記録」なので「不安ログ」といいます。

「不安ログ」をつけてみると、不安の元が意外と少ないことが多いのです。山のような不安に押しつぶされる感覚をもっていたのに、実際には「3つしかなかった」ということが多いのです。

そのうえで1つ1つの不安に対し、これは行動することで解決できるのか、できないのかを考えます。解決できる不安については、いつまでに何をしたらよいのかなどと考えます。

これは岡田斗司夫氏が著書『いつまでもデブと思うなよ』（新潮社）で紹介した、日々摂取する食物とそのカロリーを記録することで、自分が摂取しているカロリー、食事の内容、間食などを自覚し、食生活の改善につなげるというレコーディングダイエットのようなものです。

要するに、不安に思うことを記録して、不安のダイエット（不安になる回数を減らす）をするという効果があります。

具体的な方法については、2章からお話ししますが、こうすることで気持ちがとても軽くなります（本書の特典として「不安ログ」をダウンロードプレゼントしています。詳しくは書籍巻末をご覧ください）。

不安という影は実態以上に大きく見えます。

夕日に照らされたあなたの影が、巨人の影のように大きく見えることがあるでしょう。あれと同じです。1つか2つ不安になることがあるだけでも、それが大きく感じられて、不安だらけに感じます。

不安ログを書くと、何が不安なのかはっきりします。

不安の実際の大きさもわかります。確かに不安はあるのですが、それ以上は広がりません。

不安を眺める技術④
不安を「文字」や「言葉」にして明確にする

何となくわかっているように感じていても、実際にはわかっていないことは多いものです。

たとえば、あなたは「バラ」を漢字で書けますか？

頭のなかでは、「何となくあんな漢字……」とイメージできるでしょう。

では、実際に書いてみてください。

どうです？　正確に書くのはむずかしいでしょう？

私はリーダー向けの研修で、「信頼されるリーダーとはどういう人か」と聞きます。

リーダーにとって最も大切なのは部下から信頼を得ることだからです。

しかし、「俺を信頼しろ」「私についてきて」などと言葉で言っても信頼を得ることはむずかしいでしょう。

リーダーにとって大切なのは言葉より行動。

信頼される行動を増やすことが、信頼されるリーダーになる秘訣《ひけつ》です。

このように説明したあとに紙を配ります。

「では、信頼される行動にはどんなものがあるか書き出してみてください。制限時間は5分です」

すると意外と書けません。

5分後にいくつ書けたか聞いてみると、4、5個の人がほとんどで、10個以上書けたという人はちらほらいる程度です。

日ごろから信頼される行動について何となく考えてはいるでしょう。

ですが、いざ書こうとするとペンが動かなくなります。

書けないということはわかっていないということです。

人は深く理解していることは言葉にできるし、文字にできます。

言葉にできない、文字にできないということはわかっていないということです。

そう考えると書き出すことの大切さがわかります。

不安を眺める技術⑤

▼不安は「時間」が解決してくれる

私の知人に「不安ログ」を3年間書き続けた人がいます。

毎晩寝る前に自分の心を点検し、

「今、自分はこういうことに不安を感じているんだな」

と思ったことを、そのまま手帳に書いていました。

彼はあるとき、「3年前、自分はどんなことを不安に感じていたのだろう」と思い、手帳を見返してみました。

すると意外な事実に気づきました。

「書き出した不安の半分以上は解決できていて、残りの半分は忘れていました。不安は時間が解決してくれるものなんだと気づくことができました。それだけでも『不安ログ』をつけた甲斐《かい》があったと思います」

そうなのです。

私たちがぼんやりとした未来に向かって生きている以上、不安は次から次へとタケノコのように地面から顔をのぞかせます。

しかし、それと同じような早さで、解決できますし、どうでもいい不安は忘れてしまうのです。このことに気づくと不安とのつきあい方が変わってきます。

まとめ

□不安は見まいとすると余計鮮明に見えてくる。

□何に対して不安を感じるのか書き出し、まずは不安の大きさと形を把握しよう。

3

「本当の自分」を知る

▼「心を眺め」れば本当の自分に気づく

自分を知ることについて、昔からいろいろな人がいろいろなことを言っています。有名なのは、古代ギリシアの哲学者ソクラテスの「汝《なんじ》自身を知れ」という言葉でしょう。

ですが、これはソクラテスが最初に言った言葉というわけではないようです。デルファイの神殿の扉に、「汝自身を知れ」という言葉が刻まれていたという説があり、ソクラテスはそれを引用したというのです。

もしそうだとすれば、「汝自身を知れ」という言葉はソクラテス以前からあったということです。

では、どうしたら自分のことがわかるのでしょうか。

具体的な方法はあるのでしょうか。

それが太古の昔からの悩みでした。

中国のことわざに次のようなものがあります。


「鳥には空気が見えない。魚には水が見えない。人間には自分が見えない」


それくらい身近なことほど見えないものです。

経営者もいちばんわからないものは自分の会社のことだと言います。だから、コンサルタントを雇うのです。

かくいうコンサルタントも自分のことはわかりません。だからコンサルタントがコンサルタントを雇うのです。


人間というのは、自分のことがよくわからないものなのです。

▼不安をなくすには「気づき」が命

内面どころか外見もわかりません。目は外側に向かってついています。人の顔や姿のことはよく見えますが、自分の顔や姿はまったくわかりません。

鏡に映してはじめて自分がどんな顔をしているかがわかります。

内面もそれと同じです。自分のことはよくわかっているつもりになっていても、じつはわかっていないのです。思い込みや錯覚で生きているのです。

では、ありのままの自分を知るにはどうしたらいいか。

それには、**自分の心を遠くから眺めてみる**ことです。

お釈迦《しゃか》様、キリスト、孔子《こうし》のように悟りを得た聖人というのは、人生や宇宙のすべてに気づいた人だと言えるのではないでしょうか。

つまり気づきの究極が悟りだと思います。

そこまでいかないにしても、世間でひとかどの人物といわれるような人は気づきが普通の人よりも深いのです。

気づきの鈍い人は、虫歯になっても相当ひどく腫《は》れるまでわからない。敏感な人は、ちょっとした違和感で虫歯になると気づく。

風邪も引きはじめのころに、「これはまずい」と感じてすぐに用心するから、翌日には治っています。

気づかない人は、熱が40度近くまで上がったくらいになって、ようやく風邪薬を飲みますから、そのころには風邪をこじらせていることもあります。なかなか治りません。

自分を知るとは、究極的に言えば、自分が病気になっているかどうかもわかるはずです。それと同じで日常起こる出来事に対して、早めに気づき、早めに対処できるようになります。

地震が来る前、野生動物はそれを察知し避難します。動物は予知能力があるといいますが、やはり自分を知っているのでしょう。

ありのままの自分自身を見つめると、本当にいろいろなものが見えてきます。

私は気づくことは仕事をするうえでもとても大切なことだと考えています。

不安を消し去ろうとすることなく素直に見つめます。

そして、「自分はこういうことに不安を感じているのだな」と思うだけでいいのです。

不安を抱えていて苦しいのは、不安を抱えていることが嫌だと思うからです。

不安を抱えている自分をそのまま受け止めるだけで、心はふっと楽になるでしょう。

キルケゴールは、「不安は自由の眩暈《めまい》である」と言っています。「自由が自己自身の可能性の底をのぞきこみながら同時におのが支えを求めて有限性へと手を差し伸べるときに、不安が発生するのである」と言っています。

不安は決して、悪いものではないというのが、キルケゴールの考えで、むしろ無限の自由を与えられたときに、不安になるとも考えられます。

「内観」で自分の心のなかと向き合う

私の知人は「**内観**」という方法で自分の心と向かい合いました。

彼は研修所に行き、1週間、テレビや新聞、インターネットなど、あらゆる情報の刺激を受けない屏風《びょうぶ》で囲われた空間で、朝の5時から夜の9時までの16時間、静かに座って過去の自分と向き合いました。

内観中は生まれてから現在まで、身近な人について、「お世話になったこと」「お返ししたこと」「迷惑をかけたこと」について思い出します。

彼は自分の心をのぞくのが正直怖かったそうです。

「自分のイヤな部分を黒い箱に封じ込め、そこから目を背け、何事もなかったかのように生きてきました。自分は正しいと自分を欺《あざむ》き、箱の存在を黙殺してきたように思います。しかし内観を行ったら、箱を1つ1つ開け、封じ込めた事実と向き合わなくてはいけないわけでしょう。そのことがとても怖かった」

と言っていました。

内観中は1週間、情報が遮断されます。新聞、テレビ、ネットは禁止。携帯電話も預けます。5章でお話ししますが、じつは**情報という刺激から距離を置くことは心の平穏を保つうえでとても大切**です。

彼は6畳ほどの和室に案内されました。

部屋の隅に2枚屏風が立っていて、そこに座って、母親に「お世話になったこと」「お返ししたこと」「迷惑をかけたこと」について考え、具体的な事実を思い出します。

しかし、1日目、2日目は、思い出の周辺をうろうろさまよっているだけでした。

3日目あたりで、母に対する自分について調べているとき、こんなことを思い出しました。

「高校2年のとき、学校帰りにキセルをし、駅員に定期券を取り上げられてしまいました。

私はその日、友だちと遊びに行く約束をしていたので、母の職場に電話をかけ、こう言いました。

『定期券を取りに行ってよ。駅員が親に取りに来させろって言っているんだ』

ウソでした。私は自分で定期券を取りに行ったら、こっぴどく叱《しか》られると思い、逃げて母に尻拭《しりぬぐ》いをさせたのです。

『母子家庭の子どもだからこんなことをするんだ』

と母は駅員になじられたそうです」

彼はそのときのことを鮮明に思い出し、申し訳ない気持ちでいっぱいになりました。

「自分はこういうことを何度も何度もやっているのではないかと思いました。問題を起こしても、それに向かい合わず、ウソをついて逃げたり、ウソで解決しようとしたり、誰かに責任を負わせようとしたり……。これは自分の行動パターンなのではないか。自分の本性ではないかと思いました。あまりに情けなくて涙があふれてきた」

▼屏風に投影される「自身の過去」

それからは過去の事実が芋づる式に浮かび上がってきたそうです。内観中は1時間に1度、指導者が回ってきて、その時間何を考えていたかを報告します。

「高校時代の母に対する自分について調べました。

お世話になったことですが、私は高校進学と同時に授業について行くことができなくなり、やる気をなくしていました。おちこぼれていました。そのとき母だけが『おまえはやればできる』と言って励まし続けてくれました。

お返ししたことは、何もありませんでした。

迷惑をかけたことは、高校3年のときに母に『大学はどうするのか』と聞かれ、『大学のことをわかりもしない人に相談してもしかたがない』と母に言ったことです。高校に行かせてくれ、励ましてくれ、勉強するための本を買うお金もくれている母になんてひどいことを言ってしまったのかと思います」

まるで白い屏風に映画のワンシーンが映し出されているかのようでした。

「過去の自分と向かい合うことは、情けないことではあったが、苦痛ではありませんでした。屏風のなかは暖かい光に包まれ、思い出すたびに少しずつ気持ちが楽になっていきました」

研修所を出るときには心がとても静かだったそうです。

「1週間、テレビや新聞、インターネットなど、あらゆる情報の刺激を受けない屏風のなかで、朝の5時から夜の9時までの16時間、静かに座って過去の自分と向き合うというのは格別の体験でした」

彼は、家族に電話をしました。「ありがとう」という言葉が自然に出たそうです。

内観後は、心穏やかな日々が続きました。

「私は気が小さく、学問もないことに引け目を感じ、人に対してきちんと一対一で話をすること、ありのままの自分で人に接することができずにいました。つい、相手によく見てもらおうと思う気持ちがありました。それが、できない仕事や苦手な仕事も引き受けてしまうということにつながっていたような気がします。

それよりも、自分なりに、自分のできることを精いっぱいやることが大切だと今さらながらに思ってます。そのほうがいいものができるし、喜ばれるものができます」

さて、1章では不安を含め、あなたの心のありようを、遠くから眺めるという話をしてきました。

そこに影があるなと眺めることです。影を影として意識するだけで、特別な感情はもたず、何もしません。ちょっと離れたところから眺めて、ただ受け止めるだけです。それだけでも少し不安との距離ができ、いろいろな気づきが生まれます。

まとめ

□不安を消し去ろうとするのではなく、素直に不安を見つめてみる。

□「内観」で自分の心と向き合うことも効果的。

2章

不安を消す技術

4

「考え過ぎる」と不安は増える

▼考えるより「行動」しよう

不安が「夕暮れ時にぼんやりと見える影」であるなら、電気をつければ正体がわかります。

友人の娘さんは、今年から小学校に通いはじめました。

入学式が近づくにつれ、学校に行くことに対して不安を感じるようになりました。

「学校ってどんなところなの？」

「先生はどういう人なの？」

「給食はどういうものが出るの？」

などと尋ねるようになりました。

「ぼんやりと見える未来」に対し、不安を感じていたのでしょう。

ところが4月になって学校に行き出したらすぐに楽しくなりました。

学校がどういうものか、「百聞は一見にしかず」で体験できたからです。同じような経験はあなたにもあるでしょう。


不安に向き合い、不安の正体は何だろう、どうすれば解決できるだろうかと考えます。


これはとても大切なことですが、一方で**考えている時間が長過ぎると、かえってよくない結果になる**ことがあります。

じっくり考えて何もしないのと、さっと考えてぱっと動くのとでは、どちらが不安を解消しやすいでしょう。

ジョセフ・マーフィー（アメリカで活動したアイルランド出身の宗教家・作家）がこんなことを言っています。

「『うまくできるだろうか』という不安が頭をよぎったらとにかく、行動を起こしてしまいなさい。不安はほどなく解消されます」

もつれてからまりあった糸のように見える不安が、行動することによってほどけていくことがあります。

▼勢いよく「回転するコマ」になろう

不安なとき身体は動いていません。

心はうねうねと動いているのですが、何もしていないことが多いのです。

そこで身体を動かします。

行動することが安定に向かいます。

コマが勢いよく回っているところをイメージしてください。

一本足という不安定な形なのに、軸がぶれることもなく静かに回転しています。

とても静かで安定しています。

でも、実際には高速で回転しています。

これと同じことで、私たちも**動くことで安定することができます。**

不安はなくしても、また生まれてきます。

不安が次々と発生する世の中を、安定した気持ちで生きていくには行動を起こすのがいちばんです。

勢いよく回転するコマをめざしましょう。

▼「漠然とした不安」は放っておくと増える

不安は放っておくと、パン生地が発酵するときのように自然に膨らみます。

私は大学を卒業し、ＩＴ系ベンチャーで営業マンをしていました。

お客様の一人に不動産業の方がいました。

当時はバブル経済の真っ盛りで、不動産価格が右肩上がりに上がっている時代でした。

私も財テクをすすめられました。

「手元に1銭も資金がなくてもマンションが買えるよ！　マンション価格が上がったところで売却すれば儲《もう》かるよ！」

ごく簡単にお話しすると、1500万円のワンルームマンションを購入し、1740万円のオーバーローンを組みます。

オーバーしている240万円は私のところに振り込まれてきました。

この240万円を使って月々10万円ずつ2年間、マンションローンを支払います。

その間にワンルームマンション価格が上がっているので、その時点で売却利益が得られるという話でした。

私には不動産やお金に関する知識がほとんどありませんでしたが、若気のいたりで儲け話に飛びつきました。

ところが、その直後にバブルが崩壊。

マンション価格は急降下していきました。

最初は、

「もう少し待てば、マンション価格が回復するかもしれない」

と思いましたが、価格は下がるばかりです。

私は次第に恐ろしくなりました。

誰にも相談できず、一人で不安を抱えて苦しむようになりました。

その間にもマンション価格はどんどん下がっていきます。

それとともに不安は増えていきました。

借金も不安も放っておくと増えるのです。

「このままでは借金で首が回らなくなる」

私は購入したマンションを売りました。

結果として500万円の借金が残りましたが、これ以上、不安は増えないというさっぱりした感覚がありました。

▼「できること」からアクションを起こす

私たちは毎日さまざまな不安を抱えます。

お金の不安、将来の不安、結婚できるのかという不安など、さまざまです。

不安は、適切に対処することで解消します。

私はそのことを、**「不安を心配に変える」**と呼んでいます（詳しくは3章でお話しします）。

不安は行動につながりませんが、心配は行動につながります。

そして行動することで不安は消えていきます。

たとえば、お金のない不安を感じていたら、少しずつ貯金をはじめます。

すると「自分の人生に対処できている」という安心感が生まれ、不安は少しずつ減っていきます。

行動することで自分への信頼が生まれ、自信につながります。

不安を放置しないという姿勢で一歩を踏み出すことで、「不安に流される人生」を変えることができます。


私の知り合いの女性は、毎日不安に悩まされていました。

不安だと悩んではいましたが、家でじっとしているだけでした。

あるとき私はこう尋ねました。

「あなたはずっと今のように不安に悩まされていたのですか？」

「いえ、結婚前はとても元気で、活発な毎日を過ごしていたのです」

「そのころは、どんなことをしていましたか？」

「渋谷に買い物に行ったり、友だちとカラオケに行ったり、英会話教室に通ったり……」

「だったら、そのうちの1つをやってみてはいかがでしょう」

彼女は結婚前を思い出し、月に1度、渋谷に買い物に出かけるようになりました。

すると、だいぶ元気になりました。

▼部下を掌握できない不安を「行動」によって脱する

私が管理職になったばかりのころの話です。

同期100名のなかでトップセールスマンとして活躍し、その功績が認められ24歳の若さで最年少営業部長に抜擢《ばってき》されました。その後、3か月でマネジャーとして全国ナンバーワンになりました。

当時の私の部下指導法は「KKDマネジメント」でした。

KKDとは私の造語で、「恐怖」「脅迫」「ドツキ」によるマネジメントです。

朝礼は、怒りを爆発させる場でした。

「何で売れないんだ、仕事をしていない証拠だ」

「ふざけんな。ノルマ達成するまで帰ってくるな！」

「目標達成できないやつがいるから、がんばっているやつが迷惑するんだ！」

部下を小突《こづ》く。部下に向かってホワイトボード用のマーカーを投げつける。ゴミ箱を蹴《け》っ飛ばす。朝から晩まで恐怖、脅迫、ドツキを繰り返します。

これは会社のマネジャーが伝統的に行っていた手法で、私も新人時代からこのやり方で鍛えられてきました。だから何の疑いもなくKKDをやっていたのです。

しかし、その後、営業成績は落ちていきました。

営業コンテストでは上位に入っているものの、楽にクリアしていた予算をやっと達成するような状況が続きました。

部署から活気や結束力が消えていきました。

私は突っ走っているのですが、振り返ると誰一人としてついてきていない不安を覚えました。

そんなときこんな情報が入ってきました。

「きみのところの営業が喫茶店でたむろしてるのを見たっていう人がいるんだけど」

私が駆けつけると10人くらいが喫茶店でサボっていました。「行ってきます」と会社を出発し、その後、喫茶店で待ち合わせていたのです。

部署のなかに私への不満や不安が充満していたのでしょう。

正直、どうすればいいのかわかりませんでした。

ただ、このまま放置しておくのがいちばんまずいと考え、部員全員を集め、私への悪口大会をやることにしました。それがいちばんいい行動であったかは、いまだにわかりません。

ですが、当時は「これしかない」と思ったのです。

部下にしてみれば面と向かって上司の悪口など言いにくいでしょう。そこで私は前日に数人の部下を呼び、

「悪口大会をやるから先陣を切って悪口を言ってくれないか」

と頼みました。さらに、

「今から私の欠点をいくつか紹介するから、言うことに困ったら、そのあたりを責めてくれ」

と言って、自分への悪口を指導しました。

その甲斐あって翌日の悪口大会では、めでたく私は集中砲火を浴びることとなりました。

「嶋津さんのやり方は強引過ぎるんですよ。私にはまったく理解できません」

「嶋津さんは白いものでも黒ということがある。とてもついていけない」

これは本当に辛い経験でした。50人に囲まれ、自分の悪口を数時間言われ続けたのです。

ひとしきり悪口を聞いた私は最後に、

「みんなの言いたいことはわかった。これについて改善する点と、変えることができない点について、明日みんなに話をしよう」

と言って、翌日にはそのすべてを発表しました。

変えることができない点については、1つ1つ説明しました。

一見破れかぶれのような悪口大会でしたが、行動を起こすことで、**具体的な心配の仕方が見えてきました**。それにきちんと対処していこうという姿勢を示すことで私の不安、部内の不安は消えていきました。

▼いちばんよくないのは「放っておくこと」

私は経営者にアドバイスするとき、

「いちばんよくないのはよくないと思いながら放っておくこと」

と言います。

私がコンサルタントをしていたある会社は、まだ従業員数も少なく、一人ひとりの責任も大きいので一人がほかに与える影響が大きい状態でした。

あるとき一人の社員が会社によくない影響を与えているという相談を受けました。

会社の立ち上げのころからいっしょにやってきた社員だというのですが、社長の指示に対して、陰で「やらなくてもいいよ」とほかの社員に言ったり、ほかの人に悪い影響を与え、辞めさせたりしていました。

私はほかの社員に与える影響が大きいので、

「本人とよく話して社長としての自分の考えをちゃんと伝えて、別の道を探してもらったほうがいい」

と進言しました。

数か月後、その会社に行くと、何も変わっていませんでした。

そのときも「早く手を打ったほうがいいですよ」と言いました。

しかし、1年後に行ってみるとやはり何も変わっていませんでした。

私はこう言いました。

「いったい何をやっているのですか。**悪いとわかっていながら放っておくのがいちばんよくない**ことですよ」

しかし、それでも社長は何もしませんでした。

その後、いよいよ会社の経営状態が悪化し、何人かの社員に辞めてもらわなくてはならなくなりました。

社長は意を決し、その社員と話し合いました。

結果として、一気に会社の状態はよくなりました。

社長はあとからこんなふうに言っていました。

「創業期からやってきた仲間だったので、辞めてもらうことはできませんでした。彼女しかできない仕事もあると思っていました。しかし、彼女に辞めてもらっても、その業務は問題なくできています。こんなことなら早く行動すればよかったと後悔しています」

▼動かないと「何も変わらない」

考えすぎて不安が増えた例をもう1つお話ししましょう。

知人の経営者が会社を倒産させ、収入がなくなってしまいました。

家族の生活費が必要ですし、お子さんがまだ高校生で学費がかかります。彼は「不安でたまらない」と苦しんでいました。

彼は思い悩んではいましたが、何か行動をするわけではありませんでした。

ずっと自宅で悩んでいるだけです。それについて聞いてみると、

「何をやればいいかわからない」

「これをやれば確実に収入が得られるというものがあればね」

と言いました。

彼の話を聞き、**行動しないことで不安が増えている**と感じました。

それと同時に、私だったらどんな行動を起こすだろうかと考えました。

収入が見通せなくて不安なら人材登録会社に相談します。

これまでの実績や経験を話し、管理職として迎え入れてくれる会社を探します。

そうすればどのくらいの収入が得られそうかわかります。

その金額によって、必要であれば支出を減らす方法を考えます。

たとえば家賃の安いアパートに引っ越します。

妻にパートに出てもらうかもしれません。

私は彼に、

「収入がないことが不安なら、プライドを捨て、人に雇われてみたらどうか。まずは収入を安定させることが先決じゃないか」

と話しました。

しかし、彼は「不安だ」と言うだけで、行動を起こそうとはしませんでした。
彼はほどなく病気になり、状態をさらに悪化させてしまいました。
あなたのまわりにこんな人はいませんか？
家の外に出ると交通事故に遭うかもしれないから、家からは一歩も出ない。
子どもを外に出すと風邪をひくかもしれないから、家から一歩も出さない。
もちろん、可能性はあります。
でも、そうした**可能性をすべて考えていたら、何もできなくなってしまいます。**
そして、不安がなくなることもないでしょう。

まとめ

□不安について考え過ぎると不安は増えてしまう。
□放っておくだけでも不安は増える。
□行動することによって不安は減っていき、安定することができるようになる。

5 壁を打ち破る8つの「不安を消す」技術

▼「人生の谷」のときこそ行動する

知人に偉そうにアドバイスしている私にも同じような時期がありました。

「人生、山あり谷あり」と言います。誰にでも**物事がうまく進む時期とそうでないときがあります**。

私も数年前、人生の谷を感じている時期がありました。

何をやってもうまくいきませんでした。

何かアクションを起こしても、歯車がかみ合っていないので単発で終わってしまいます。全体がダイナミックに動き出す感じがまるでありませんでした。

どうしてうまくいかないのかを必死になって考えました。

その場では答えが見えたような気がしました。

それでも実行してみると、うまくいきませんでした。

次第に焦り、不安に襲われるようになりました。

仕事が手につかず、頭ではあれこれ考えるのですが、行動に結びつきません。

私は次第に**考えるだけになり、不安にだけフォーカスしていきました。**

「このままでは、仕事を失い、ホームレスになるかもしれない」

そんなことを考えるようになりました。かつては、

「ホームレスというのは怠惰な生活を送った人がなるものだ」

と勝手に決めつけていました。しかし、

「一歩間違えれば自分もホームレスになる可能性がある」

と感じるようになっていきました。

よい時期には何をやってもうまくいきます。

目の前には晴れやかな青空が広がり視界良好。

何の問題もないと感じます。突発的なアクシデントが起きても、どこからか救世主が現れて助けてくれます。

悪い時期になるとそうはいきません。

あがいて、あがいて、ようやく回りはじめた瞬間にどこかの歯車が外れてしまいます。

たとえば社会的信用を得て事業をするため、あえて株式会社ではなく社団法人をつくりました。

その後、借金ができるか確認しようと思い、銀行に行きました。

「今すぐ必要というわけではないけれど、もし必要になったらいくら借りられるのかを確認したい」

すると「社団法人にはお金は貸せない」と言われました。

歯車が外れたわけです。事業拡大のためによかれと思って登記を変えたのに、裏目に出てしまったのです。

一事が万事こんな調子で、不安は大きくなるばかりでした。

私は、「**人生は下りのエスカレーターを駆け上がっているようなものだ**」と思っています。歩みを止めた瞬間から、どんどん下降してしまうのです。

不安を消す技術①

▼佐藤琢磨選手の「ノーアタック、ノーチャンス」

でも、そんなときに自分を支えてくれたのは、**自分への信頼**でした。

自信といってもいいでしょう。

なぜ信頼感や自信が蓄積されていたかといえば、小さな行動を積み重ねてきた結果です。

「ここまでがんばってきて、ここで落ちるわけがない。絶対どこかで回りだす」

自分を信じる気持ちが自分の支えとなりました。

そんなときカーレーサーの佐藤琢磨さんが、次のように言っているのを聞きました。

「どんなことでも、実現したいと強く願うなら、必ずどこかに解決策がある。僕はそう信じて、いつも突破口を探しながら挑戦してきました。夢ってそうすることでかなえられていくものだと思うから。やりたいことがあれば、自分を信じて、恐れずにやってみればいい。『ノーアタック、ノーチャンス』。僕はこの言葉をいつも信条にしています」

佐藤選手の言葉は、曇りがちだった心に強く響きました。

カーレースに限らず、積極的に攻めれば危険が伴います。

しかし、安全な場所に閉じこもっている限り、不安から抜け出すチャンスは巡ってきません。**不安から抜け出すには行動を起こさなくてはなりません**。

私はF1などモータースポーツが好きなので、佐藤選手の言葉を裏付ける印象的なレースを見ました。

2012年、佐藤選手にとって3度目の挑戦となるインディアナポリス500マイルレース（インディ500）でのこと。

このレースは米インディアナポリス市近郊で毎年5月に開催され、周回平均速度は予選で時速360キロ、決勝でも時速352キロを超え、世界中のレースのなかで最も速いとされています。同時に接戦も多く、毎年事故が多発しています。

佐藤選手は19番手からスタート。少しずつ順位を上げ、トップ集団に留まる走りを見せました。199周目にはついに世界のトップレーサーであるスコット・ディクソン選手を抜いて2位に上がり、そのまま先頭のダリオ・フランキッティ選手の真後ろでファイナルラップに入りました。

このままいけば入賞確実です。

佐藤選手は第1コーナーにフランキッティ選手に続いて進入しました。

しかし、フランキッティ選手が残したスペースは狭く、インの白線を踏まされてバランスを失います。スピンしたマシンは壁に接触し、17位でレースを終えました。

安全策をとって2位をキープしても日本人初の表彰台という快挙でした。

それでも佐藤選手はあえて攻めました。

地元からは佐藤選手の果敢なアタックを賞賛する声が上がりました。

そして、この**アタックがチャンスを生んだ**のです。

佐藤選手は2013年、A・J・フォイト・エンタープライズに迎えられます。

序盤2戦はトラブルに見舞われ、振るわなかったものの、第3戦ロングビーチで4番手からスタートし、ウィル・パワー、ライアン・ハンター＝レイ、ダリオ・フランキッティを抜いてトップに立つと、そのまま圧倒的な速さを見せ、日本人初となるインディカーでの優勝を達成しました。

人生を切り拓くのは自分自身です。

行動を起こさず、ただじっと待っているだけでは、不安な状態から抜け出すことはできません。

行動を起こせば失敗もするでしょう。ですが、その多くの失敗のうえに大きなチャンスも生まれます。

行動を起こすには勇気と覚悟が必要です。不安を振り切る勇気と失敗を受け止める覚悟です。

人生を切り拓いていけるのは自分自身でしかないのだから自分を信じて行動します。そういう意識をもつのです。

私にとって最近の大きな出来事は、シンガポールからの帰国です。思い切って行動を起こすことで状態が変わり、さまざまなチャンスが生まれました。

不安を消す技術②

▼自分の枠を超える「負荷」をかける

私は現在、「上司学」と銘打ちリーダーの育成を行っています。

人は誰と出会うか、誰に教わるか、誰に相談するかによって、人生が変わっていきます。人の身体が食べ物から吸収するビタミンやミネラルで形成されているように、**人間の成長とは、よい言葉、よい思い込み、よい学びによって形成**されていきます。

つまり、仕事の現場では、部下は、「よい上司に出会う」ことによって、「よい言葉」「よい思い込み」「よい学び」を吸収していくのです。

その結果、部下の意思決定の質が変わり、行動が変わり、成果が変わっていくのです。

上司がよければ、部下は自然とよくなります。

ピーター・ドラッカーが「人材育成の要点は一流の人材と働かせることである」といっているように、部下の成長は上司次第です。

だからこそ、私が「上司学」の普及に努めています。

私は人前で話すことが得意か不得意かと言ったら得意なほうだと思います。でも好きか嫌いかと言われたら嫌いでした。

なぜなら、資料やスライド作成など膨大な事前準備があります。

さらに極度のあがり症なのでセミナーが近づくに連れて緊張し、当日は何も手がつきません。

たとえば夕方にセミナーを行う日は、朝からセミナーのことで頭がいっぱいになります。

だからセミナーを行う日は、ほかの用事は入れませんでした。

「心ここにあらず」になってしまうことが目に見えていたからです。

さらに参加者に満足してもらわなければなりません。

セミナーが終わるとぐったりと疲れきっていました。

そういう理由で、週1回くらいのペースで話す機会があるのがいちばんいいと考えていました。

しかし、シンガポールから帰国後、自分の枠を超える経験をしました。

2013年11月、1か月間に十数回の企業研修のオファーがありました。

これまでにない膨大な量でした。

かつての私であれば確実に断っていたと思います。

しかし、何かを変えなくてはいけないと思っていた時期でした。

年齢を重ねるにつれ、自分がどんどん保守的になっていく自覚があり、自分を変えたいと考えていました。

そこで走りながら考えるという気持ちでチャレンジしました。

私にとっては大きなアタックでした。

同じ研修が続いたこともあり、やる度に研修内容も参加者とのコミュニケーションも研ぎ澄まされていきました。企業研修担当から「やる度によくなる」「最初と最後では別人のよう」と褒められました。

これは私にとってブレークスルーとなりました。

もし**研修の依頼を断っていたら不安を抱え続けていた**ことでしょう。

オファーを受けることが不安の解消につながるとは正直思っていませんでしたが、行動したことがよかったのです。

自分の枠を超える経験をしたことで自信が蘇《よみがえ》ってきました。やることなすことうまくいかず自信をもてない自分がいたのですが、場数をこなし、何とかなるという気持ちになりました。

ブレークスルーにつながらなくても、何もやらなければチャンスは生まれません。方向が間違っていなければ、**行動することで不安の解消につながります**。少なくとも不安の正体が少しずつわかっていきます。

不安を消す技術③

失敗するなら「自分の責任で」と腹をくくる

チャレンジすれば失敗もします。

最近も企業研修に失敗したことがあります。悔しくて家に帰ってきて、この仕事をしてから初めて涙が出ました。失敗したことよりも自分で満足のいくパフォーマンスを出せなかったことが悔しかったのです。

そのセミナーはクライアントの要望が多いものでした。通常1日かけて行っているコンテンツを2時間半厳守でおさめてほしい、ワークを入れてほしいなどとのリクエストに、何度もそれでは満足度の高いセミナーはできないと言いましたが、いいからやってほしいと言われました。

要望どおりに全部つくり替え、私の力およばずセミナーでは自分らしさを出すことができませんでした。自分らしく自分がやりたいことを提供していれば、低い評価でも気になりません。過去の経験から、**自分らしくやればやれるほど満足度の高さは**

比例することがわかっていただけに残念でなりませんでした。

不安を消す技術④

▼「やらないより、やったほうがいい。どうせやるなら……」

何かの選択に迫られたとき、私はいつも「**やらないより、やったほうがいい**」とつぶやきます。

これは私自身を行動させるための、魔法の言葉です。

自分で自分に魔法をかけるのです。

面倒くさいと思ったときも、「やらないより、やったほうがいい」、ある場所へ行くか行かないかで迷ったときも、「行かないより、行ったほうがいい」、人に対して照れくさいキザな言葉でも「言わないより、言ったほうがいい」とつぶやくのです。

人は、「何かをした記憶」よりも、「何かをしなかった記憶」のほうが残ります。人は亡くなるとき、なぜあのとき行動を起こさなかったのか、という後悔を誰しも感じると言います。

あなたの過去を振り返ってみてください。どうです？「あのときしておけば……」

という思いが見つかりませんか？


私にもそんな苦い経験があるのです。

中学時代、私はとても好きな女の子に告白したいと思っていました。

何度かチャレンジしようと思ったのですが、どうしてもだめで、結局告白できずに中学を卒業してしまいました。

それだけでも悔やまれるのですが、この話には続きがあります。

数年後、偶然会った中学時代の友人から、自分が好きだった女の子もじつは私に好意を抱いていたと知らされたのです。

青春時代の淡い思い出とはいえ、

「あのとき、なぜ勇気をもって告白しなかったんだ」

という思いが今でも強く残っています。

どんなことであれ、後々まで引きずるような後悔をするくらいなら、一歩踏み出す勇気をもってチャレンジすべきでしょう。

それを思い出させてくれる魔法の言葉が、

「やらないより、やったほうがいい」

なのです。

そして、「やらないより、やったほうがいいよな」という魔法の言葉には、もう1つ続きがあります。それは、「**どうせやるなら……**」です。

「どうせやるなら、ちゃんとやろう」

「どうせやるなら、ちゃんと結果を出そう」

「どうせやるなら、ベストを尽くそう」

「やらないより、やったほうがいいよな」で行動を起こし、「どうせやるなら……」で徹底的にやるのです。

不安を消す技術⑤

今あるものを「捨てる勇気」をもつ

「何かをしているときは、何かをしていないとき」と言われるように、新たな行動を起こすとき、同時に別の行動を捨てることもあります。

私は「**今あるものを捨てる勇気をもとう**」と自分に言い聞かせています。

「守られた水は腐る」という言葉があるように、物事には必ず賞味期限があります。

それは仕事のやり方でも、会社でも、個人でも同じです。

現状はうまくいっているからといって、その方法にしがみついて、新たな取り組みや改善を行わなかったら、いずれ問題が発生し、崩壊していってしまうということです。

あなたの毎日の行動には習慣的に続けているやり方、スタイルがあるでしょう。

「今まで、これで問題なかったから」という理由だけで、古い方法、体質を引きずっているなら、ぜひとも一石を投じるのです。

「もっといい方法はないだろうか？」

「1年後、2年後を見据えて、現状のままで問題ないだろうか？」

新しいことを取り入れようとするとき、「本当にうまくいくだろうか」「失敗したらどうしよう」という不安がよぎることも数多いことでしょう。

でも、その**不安は期待**ではないでしょうか。

不安を消す技術⑥
▼「決まった行動」があなたを助ける

私は大のあがり症です。

大学を卒業して通信機器の販売会社に入ったときのこと。

入社式で新人が順番に舞台に上がり挨拶《あいさつ》しました。

私はあがって頭が真っ白になりました。

「〇〇営業所に配属になりました、嶋津良智と申します。よろしくお願いします」

挨拶すると会場がどよめきました。
式が終わると同期入社の何人かが大笑いで近づいてきました。

「おまえ、最高におもしろかったよ」

「何が」

「だって何言っているのか、さっぱりわからないんだもん」

私は緊張のあまり、口が回らなくなっていたのです。友人曰《いわ》く、

「ししゃしゅよししょしゅしぇしゅ（嶋津良智です）。よしょしゅしゅおねしゅしゅししょしゅ（よろしくお願いします）」

こんなふうに聞こえていたそうです。

講演や研修の仕事をはじめて9年が経ちますが、今でもあがり症です。
前述したとおり、人前に立つという仕事について、得意か不得意かというと得意なほうだとは思いますが、好きか嫌いかと言ったら嫌いです。

なぜ嫌いかというと、失敗の恐れがあるからです。もし、やらなくてもいいならば恥をかかないからいいと考えます。

自分があがり症であることは、学生時代にバンドをやっていたころからわかっていました。ステージに上がるとスタジオのようにうまく歌えないのです。

私は人見知りで、小心者。びびり屋です。

当日に向けて、不安を抱えながら過ごしていくことが嫌になるから、嫌いと思っているのでしょう。なぜあがるのかというと失敗に対する恐れがあるからです。**惨めな思いに対する恐怖心**なのです。

でも、それでは自分の行動を抑制してしまいます。

そこで私なりのあがり症対策を編み出しました。

まず、講師控え室を用意してもらいます。

そして、いつも決まった準備運動をします。

まず、歯と唇の間に舌を入れ、回転させます。

右回り、左回りと8回ずつ行います。

8回というのは、8の数字が「縁起がいい」と感じているからで、自分なりのげんかつぎです。

次に、発声練習。まずは母音だけ大きな口を開けながら発音します。次に五十音をゆっくり言った後、一気に言い切る練習をします。もう1つは早口言葉です。その次にトイレに行き、ウェットティッシュで顔を拭《ふ》いて、洗口液で口をすすいで、鏡に向かってニカッと笑います。

エレベーターのある会場であれば、エレベーターのなかで自分を勇気づけます。エレベーターのなかは外に声が漏れません。そこで、

「自分はできる。最高の講師だ！」

「終わったときには参加者のみなさんが満足してくれる！」

と励まします。最後に指を「パチン！」と鳴らして講師キャラになるためのスイッチを入れます。これを決まり事としていつもやっています。

福島大学陸上部監督の川本和久さんが、運動会の徒競走で緊張しない方法についてこんなことを言っています。

「スタートの順番を待っている間に緊張が高まってしまうことがあります。そのときに有効なのは、何をするかを決めておくことです。ドン！　と鳴ったら、まず右腕を

動かす。そして、手を大きく振る、などと決めおくのです。1つのことに集中できれば、あがらなくなります。集中するものがないと自分に向かって『落ち着かなきゃ』とか『こんなに緊張していたらダメだ』など、余分なことを考えます。それではどんどん緊張が高まり、実力が出せません。要するに走るときには走ることだけを考える。これが試合であがらないための秘訣です」

これは**行動パターンを決めて、不安を寄せつけない**という方法です。

不安を消す技術⑦

▼「言葉の力」で行動を加速する

前述したKKD（恐怖、脅迫、ドツキ）マネジメントから脱皮しようと思ったころの話です。

具体的にどのように売上を上げ、予算を達成していくかを考えてみると、打ち手がありませんでした。

それから戦略を意識して勉強するようになりました。

それまではおもに新規開拓を行ってきたのですが、これからは既存客を大切にしてリピート率を上げることが大切だと思いました。

そして、事業計画を作成して上司に相談してみると、「おまえの部署だけ特別扱いできない」とのことでした。

自分のやりたいようにやってみたいという思いから、独立を考えるようになりました。

将来に対する不安はありました。

そのとき、こんな「**魔法の呪文《じゅもん》**」を唱えていました。

「今、28歳なんだから、2年間がんばって、30歳で失敗してもやり直せる」

この言葉によって不安を遠ざけることができました。

遠い将来のことまでは考えず、**2年間に限定したことで不安を遠ざけました。**

当時、仲間とこんなことを言い合っていました。

「営業マンは、カバン1つあれば、コンドームでもタイヤでも保険でも売れる。営業力があれば何でもできる」

半分冗談、半分本気でした。

ですが、こう言葉にすることで自信につながりましたし、よい思い込みにもなりました。

言葉が現実をつくります。頭のなかでかつ丼が食べたいといくら念じていても、注文を取りに来た店の人に、「カレーライスをください」と言ったら、どうなるでしょうか。

目の前にはカツ丼ではなくカレーライスが現れます。

「言葉が現実をつくる」ということを肝に銘じて、自分がほしい成果に対して必要な言葉を使っていくことが大切です。

不安を消す技術⑧

▼行動を生むために「心の状態を整える」

行動できるかどうかは「心の状態」に関係します。

現時点の心の状態が、次の行動を生みだし、その行動が結果をもたらします。

たとえば、朝起きたとき「ああ、気持ちのいい朝だ」と思うと、とてもいい状態にあると言えます。

カーテンのすき間から差し込む日差しを心地よく感じ、窓を開けて新鮮な空気を吸い込む。時間が許せば、ちょっと散歩をして近所のカフェでおいしいコーヒーを買ってくるかもしれません。

これは、いい心の状態がそれに伴った行動を引き出しているケースといえます。

いい雰囲気で滑り出した1日は気分がよくて、さらにポジティブな行動を取れることが多いはずです。

では、どうやって状態を整えればよいでしょう。

心の状態は外部要因に大きく左右されます。契約が取れない営業マンの心の状態が悪いのも、「契約が取れない」という外部要因によって起こっているものです。がんばって営業をしてもうまくいかない。

こういった状況が続くと、どうしても「どうせうまくいかないんじゃないか」という気持ちになります。**心の状態が悪くなり、行動と結果も引きずられるように悪化し**ていくというマイナスサイクルに陥るわけです。

どんなに心の状態をよくしようと思っても、外部要因に足を引っ張られて、うまくいかないケースが非常に多いのです。もちろん、外部要因はマイナスばかりを引き起こすわけではありません。予想外にいい結果がもたらされれば、おのずと状態がよくなり、その後の行動・結果も好転します。

しかし、そんな偶発的な要因だけで、行動や結果が決まっているわけではありません。やはり、いい状態をつくることが上手で、コンスタントに結果を出す人もいれば、往々にして状態が悪く、成果を上げられない人もいます。

この差はいったいどこにあるのでしょうか。

要因は人それぞれ微妙な差異がありますが、「**いい状態↓いい行動↓いい結果**」というプラスのサイクルを少しでも多く体験することで、状態管理が上達することは明らかです。

端的に言えば、「がんばったから、結果が出た」という純粋で、確固たる経験をどれだけ得たかということです。

アメリカの神学者ラインホルド・ニーバー氏は次のような祈りの言葉を述べています。

「変えられないものを受け入れる心の静けさと変えられるものを変える勇気とその両者を見分ける英知を我に与えたまえ」

この言葉の真意は置くとして、「**変えられるもの」を増やし、勇気をもって変えていく**という体験によって、自分の状態をよくすることができるのです。

まとめ

□誰にでも何でもうまくいく時期とそうでない時期がある。

□うまくいかないときも、小さな行動を積み重ねて自信をつけていくことが大切。

□ポジティブな気分になれるように言葉や心の状態を意識することも効果的。

6
「不安から逃げる行動」「不安に向き合う行動」

▼握手会に行っても不安は「解消されない」

不安と行動を考えたとき、２つの行動が考えられます。

１つは**不安に向き合う行動**であり、もう１つは**不安から逃げる行動**です。

私が研修のオファーを受けたのは不安に向き合う行動からでした。

私には優秀なマネジャーを大勢育てて社会をよくしたいという想《おも》いがあります。この想いと大量の研修オファーを受けることは、ぶれていませんでした。

では、次のような場合はどうでしょうか。

将来の生活が不安でたまらないのに、アイドルのＣＤを大量に買って握手券を入手し、握手会に行くのはどうでしょうか。

生活の不安を解消しようという思いで、アイドルの握手会に行くのであれば不安に向き合う行動と言えるかもしれません。

しかし、アイドルの握手会に行って、一瞬不安を忘れたのですが、しばらくすると前と同じように不安な状態に戻ってしまいました。

これでは気晴らしにすぎません。ストレスを発散したり、一時の快楽を得ていても、不安を解消することはできません。

同じように、不安から逃げて、キャバクラ、ギャンブル、ホストクラブ通いなどしても、**夢が覚めると不安が増えていきます**。

これをやれば不安が解消できるという行動はわかりにくいものです。

それでも自分の想いとあまりずれていないと感じたら、小さな行動を起こしてみるとよいでしょう。

「これをやればうまくいく」と、はっきり見えていなくても、「このままではよくない」と思い、**生産的だと思う「何か」をやってみる**のです。

見通しも計画性もなくても、不安に向き合う行動が閉ざされた世界の扉を開けてくれるのです。

▼私が少林寺拳法をはじめた理由

少林寺拳法をはじめた理由について話します。

36歳で結婚し、新婚旅行でパリに行きました。

クリスマスのシャンゼリゼ通りは多くの人で賑《にぎ》わっていました。

そのとき、すぐ後ろで妻の叫び声が聞こえました。

ひったくりです。

バイクに乗った男に妻はバッグをひっぱられました。私はあわてて駆け寄りました。妻は大切なバッグを取られないよう必死になりました。

そのためバイクに数メートル引きずられ、大怪我をしました。

真冬のパリの病院で妻につきそいながら、私は情けない気持ちになりました。

愛する人を守ることができなかったのです。

そして不安になりました。次に何かあったときに、妻を守れるだろうか、と。悶々《もんもん》としていてもはじまりません。

何か行動を起こさなくてはと、私は少林寺拳法をはじめました。それから10年近くが経ちます。少林寺拳法を習うことで不安がなくなったかというと、それは少し違います。強盗に襲われてもうまく対処できるという確信はほとんどありません。

では、どうなったか。


不安が心配に変わりました。


少林寺拳法を習う前は暴漢に襲われたらどうしようという漠然とした不安でした。少林寺拳法を習ってからは、もう少しきちんと心配できるようになりました。少林寺拳法の達人は武器をもった複数の人に襲われても平然と受けていきます。

私もこれが打ち手だと思ったら、少林寺拳法を実践で使えるよう練習を続けていくでしょう。

しかし、その道が遠いこともわかりました。私にできる心配は、暴漢に襲われたときにどうするかではなく、危険な場所には近づかないということです。**冷静にこうしたことがわかったのも、行動してみた結果**でしょう。

▼自信は次につながる「資産」

不安から脱出する唯一の方法は行動です。

そして、行動を起こすと自信がつきます。

心配し、行動すると、自信という資産が増えていきます。行動しないままでいると、自信という資産は増えません。

ですから、**自信を得るために、あえて不安をつくっている**人もいます。

サッカー日本代表の本田圭佑選手は、あえて不安になるような場所に飛び込んでいるように見えます。

そのうえで本田選手は、不安を心配に変えるのです。

2013年にイタリアの名門クラブ、ACミランに移籍した本田選手は周囲が期待するような活躍ができませんでした。

背番号10というエースナンバーを自ら要求しながら思うような活躍ができず、ファンやメディアからバッシングされ、望むポジションは与えられず、味方からは思うようなパスがもらえない。

「このままやっていけるのだろうか」と不安に思ったこともあったでしょう。

実際、「チームを出るという選択肢もあるけれどそれは逃げだよなと自分に言った」と本田選手は言っていました。

本田選手は数多くの挫折《ざせつ》を経験している苦労人です。ガンバ大阪のジュニアユースチームに入ったもののユースに上がることはできませんでした。星稜高校に行っても最初から活躍できませんでした。当時の本田選手を知る人は、「サッカーも下手、足も遅い。現在の活躍が信じられない」と言っています。本田選手は**漠然とした不安を行動可能な心配に変え、1つ1つクリア**してきました。

昨年からはイタリア語やオランダ語を学んでいます。ほかの選手とのコミュニケーションを高めることが、信頼を高めると気づいたからです。

練習中から積極的にほかの選手と会話し、相手がどういうプレーをしたいのか、自分がどういうボールを望んでいるのかを話し合っています。

日常のコミュニケーションを活発にすることが、状況を打開すると考えたのです。

まとめ

□不安があるとき、「不安に向き合う行動」と「不安から逃げる行動」の2つの行動を取ることができる。
□不安に向き合うときは、気晴らしではない、生産的だと思える行動を1つでも取ろう。

3 章

不安を心配に変える技術

7

「不安」と「心配」はまったく違う

▼「心配する」とは言うのに「不安する」とは言わない

2章では、行動することで不安を解消するという話をしました。

不安という停滞から脱するには行動するのがいちばんです。

とはいえ、不安に苦しんでいる人は、

「そう簡単には行動できるわけがない」

「行動できないから苦しんでいるのに簡単に言うな」

と思うでしょう。

そこでこの章では、行動するために「心配」について考えてみます。

私は長いあいだ、「不安」と「心配」は似た意味合いの言葉だと考えていました。

厳密に使い分けることはありませんでした。

しかし、あるとき**「不安」と「心配」はまったく違うもの**と考えるようになりました。


あなたは「不安だ」と言うでしょう。

そして「心配だ」とも言うでしょう。

このように「だ」がつくのは、「不安な状態」「心配な状態」を表しています。

その一方で「心配する」とは言うのに、「不安する」とは言いません。

それはどうしてでしょうか？

▼心配は「行動の母」である

私なりの結論は、このようなものです。

「心配する」とは主体的な行動を表します。

自分のことを「心配する」、子どものことを「心配する」、両親や恋人のことを「心配する」。誰をどのように心配するかはいろいろですが、心配するかしないかは自分が決めます。つまり、**心配は「主体的な行動」**なのです。

一方で「不安する」とは言いません。似た言葉に「不安になる」はあります。つまり、不安は主体的な行動ではなく、いつのまにかなるものなのです。ふと気がつくと不安になっているのです。

不安とは行動のともなわない静的なものです。

そして何より重要なのは、**心配は行動につながる**ということです。

▼社長の給料は「心配料」

松下幸之助さんは、「社長の給料は心配料だ」と言いました。

実際にはこのように言っています。

「小さい心配は課長の人がやる。

それよりちょっと大きい心配は部長がする。

けれども『これは大変だ』というような大きな心配は社長であるぼくが心配しなくてはいかん。

そのために社長はいちばん高い給料をもらっているんだ。

まあいわば心配料みたいなもんだ」

（『松下幸之助ビジネス・ルール名言集』ＰＨＰ研究所刊より）


これは会社にお金がなくなったらどうしようかと心配して備える、製品が売れなかったらどうしようかと、心配事が起きないように先に心配して備えておくということです。

不透明な未来に対する心配り料こそが、社長の給料であるという意味です。

一方、不安は行動につながりません。

さらに**心配は行動の結果、何かを生み出す**ことがあります。
不安は何も生み出しません。非生産的です。それどころか不安は思考と行動を停滞させます。

▼「不安なのか」「心配なのか」を考える

私は心のなかに「ぞわぞわ」を感じたとき、不安の正体をつきとめ、手を打ってきました。手を打って安心を手に入れてきました。

不安が続く理由の1つは、**不安を抱えながらも不安から逃げてしまう**ことです。

不安の原因に対処せず、具体的な行動をしないことで、不安な状態を維持してしまっているのです。

不安は放置したり、逃げたりしても、解消されることはありません。

その反対に、きちんと不安を見極め、対処することで、必ず解消します。

不安の正体がわかっても、それにどう対応するかの見通しがつかないことがありま

不安と心配のメカニズム

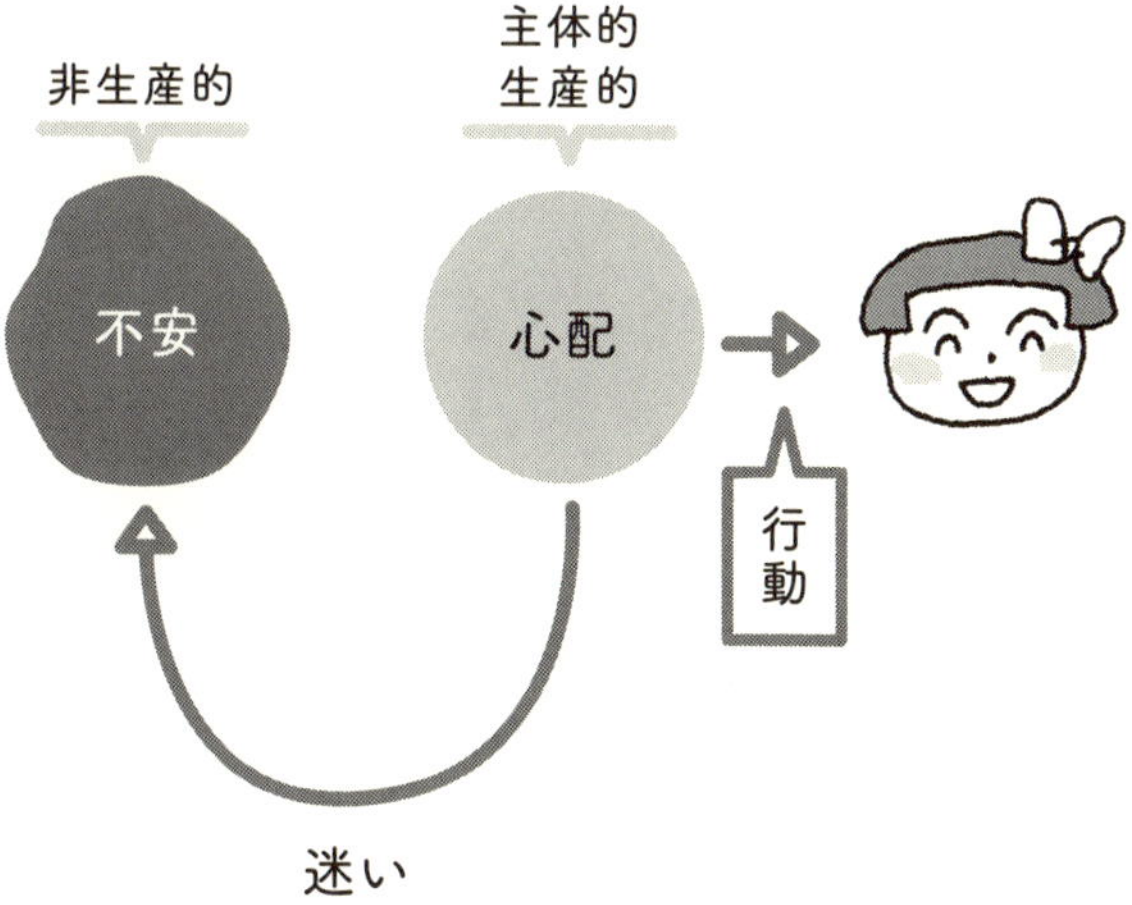

す。
でも正体不明の「ぞわぞわ」を抱えた状態からは大きく進歩しています。
「自分は〇〇のことが不安なのだ」
と感じることができるからです。
ただし、不安のなかには、自分ではどうにもならないものもあります。
たとえば、不安の正体が、
「日本経済が近い将来、破綻《はたん》してしまうかもしれないこと」
だとします。
これはどんなに努力しても、個人の手に負えることではありません。
正直、破綻するかもしれないし、破綻しないかもしれません。
だから考えないことによって、不安をなくすこともできます。
自分にコントロールできないから、手放してしまうのです。
一方で、これを心配事ととらえて、できることをやっておくこともできます。
たとえば、日本経済が破綻してもなるべく影響を受けないように、個人の資産をドルやユーロに分散しておく、海外に不動産をもつ、経済が破綻しても食べ物が確保できるように自給自足の生活をはじめる、などです。

まとめ

□不安と心配はまったくの別物。心配は主体的な行動であり、心配は行動につながる。

□国家の経済破綻など一個人の手に負えない不安は手放してしまうことも1つ。

8 きちんと「心配する」6つの技術

心配する技術①

▼心配への「3段階プロセス」

心配とは、言い方を変えれば、克服していく課題のことです。

課題の1つ1つに心を配って解決していきます。

だから**適切な心配事があるのは、自分がよい方向へ進んでいるということ**です。

正しく心配するには、先を見通す力が必要になります。

何しろ**いちばん不安なのは、不安をそのまま抱えていること**です。

不安が少しでも心配に変わることで、不安という水風船に1つ穴が開いたかのように、水がこぼれだすのです。これが突破口になります。

次に心配に対して見通しがつきます。

これは問題にどう対処するかがわかるということです。

見通しがついても問題が解決するまでは、心配はあるでしょう。

たとえば、「こうすればいい」とわかっていても、「本当にそれでいいのかな」と思うこともあるでしょうし、「本当に私にできるのか」と思うこともあるでしょう。行動を起こしてからも「このままでいいのかな」と思うこともあるでしょう。見通しがついている心配には、見通しどおりにいくかどうかという心配があるのです。

こうすると**不安から心配へと動くプロセスは3つの段階に分かれている**ことがわかります。

①不安の正体がわからない状態「不安」
↓
②不安の正体はわかったが、どう対処していくかがわからない状態「不安」
↓
③不安の正体がわかり、どう対処していくかがある程度わかった状態「心配」

例をあげて説明しましょう。

「年金がもらえるかどうかわからない」

これは不安の正体はわかっていますが、心配ではありません。解消するために何か行動を起こすことができないからです。強いて言えば、年金に対して積極的な政治家に1票を投じるくらいです。

「老後の資金繰りをどうするか」

これは心配です。解決に向けた行動の選択肢がいくつかあります。貯金をする、将来に向けて積み立て式の保険に入るなどです。

自分が今どの状態にあるのかがわかると心はとても楽になります。

デンマークの哲学者キルケゴールは、

「不安とは対象がはっきりとわからないもの」

と考えました。まさに「夕闇にうごめく影」なのです。

これに対して心配は対象がわかっています。

それが鬼であろうと蛇であろうと対象がわかります。

鬼や蛇の姿がくっきりわかります。

鬼や蛇というのは、向かうべき対象である、これからやることです。

確かにやっかいですが、こうやれば退治できるんじゃないかと思うようになります。

心配する技術②

▼「事」と「人」を分ける

では、正しく心配するにはどうしたらいいでしょうか。

まず、心配事を解決するうえで、大切なのは心配事と自分を分けることです。

私はこのことを「**事と人を分ける**」と呼んでいます。

多くの場合、心配事と自分の能力を結びつけてしまいます。

心配事が大きいほど、現在の自分の能力と比べて、「自分には解決できない」と思ってしまいます。

そうなると行動につながりません。

たとえば、カスタマーセンターにクレームの電話が入り「おまえのところの商品は……」と一方的にまくし立てて怒られたとき、事と自分を結びつけてしまったら「私が悪いわけじゃないのに何でこんなに怒られなくちゃいけないの……」「こんなの私で解決できるのかしら……」と自分が責められたような感覚になり、積極的な行動につながりません。相手は電話に出た「人」を責めているのではなく、自分が買った商品の不具合である「事」を責めているわけです。

そこでひとまず**自分の能力のことは考えずに、心配事を解決するためにすべきことを考えます。**

心配する技術③

「コントロールできる心配」に注目する

社会人になって仕事をはじめたばかりのころ、**行動しなかったら現状は変わらない**ということを小さな経験から学びました。

私は学生のときに営業職だけはやりたくないと思っていました。

ところが営業会社に就職しました。**営業という仕事ができるのかという不安**がありました。

最初の3日間は、先輩、上司に同行してもらいましたが、4日目からは一人で飛び込み営業をはじめました。

毎日100軒、200軒と飛び込み営業すると、足が棒になり、疲れが取れません。

足を高くして寝るといいと言われ、かかとの下に座布団を入れて寝るようにしました。そのうちにマメもでき、革靴からは塩が吹き出しました。

営業という仕事は嫌でしたが、安定はほしいと思っていたので、

「俺はこの仕事を一生やっていくのだろうか」

と不安な気持ちに襲われていました。

ゴールデンウィーク明けに、同じ支社に配属された同期14人のうち7人が辞めていきました。

私は、本当に営業をやっていくのが嫌になりました。

そこで営業をやらずにすむには、どうしたらいいのかと考えました。

まわりを見回すと、唯一営業をやっていない人を発見しました。支社長でした。私

は、

「そうか、偉くなったら営業しなくてすむのか」

と思いました。

それからは、いかに早く昇進し、いかに早く営業を脱するかを考えるようになりました。

何をやっていいかわからないけれど、何もしなければ不安なままでした。とにかく行動しなくてはいけないと思いました。

ありがたいことに実力主義の会社だったので、営業成績が上がればそのぶん昇進できました。

そこでどうしたら売れるようになるのかを考えました。

「俺も以前は売れなかった」

と言っている先輩にアドバイスを求めると、こんなことを言われました。

「売れていないころは、仕事をしていなかったよ」

「一生懸命仕事をしたら売れるようになりますか」

「なるよ」

この言葉は励みになりました。

まわりの売れていない先輩たちを見てみたら「確かに」と思えたので、「がんばれば売れるようになる」と**今後の見通しがついた**ことを覚えています。

私は目標達成の研修で、こんな話をします。

間違った目標管理は、目標達成に向けて結果を管理します。

たとえば、イチロー選手が今年のヒットの本数を目標にするようなものです。

しかし、それはコントロールできません。

では、どうすればよいかというと、行動を管理するのです。

たとえば、1日に1000回素振りをするという目標はコントロールできます。

結果目標はめざすものであって、管理するものではありません。**目標達成のために管理すべきは行動目標**なのです。これは不安を少なくする大切なポイントです。

心配する技術④

「解決できること」と「できないこと」を見極める

心配の対処で大切なのは、**解決できるかどうかを見極める**ことです。

解決できるのであれば時間をかけて向かい合っていきますが、できないのであれば時間をかけても無駄なので放っておきます。

先ほど営業が嫌になって、会社を辞めようと思ったという話をしました。

外回りに出ないためには管理職になるしかないと思いがんばっていたのですが、それから数年経って、またしても辞めたいと思うようになりました。

上司とそりが合わなかったのです。

私が若かったということもあり、この上司と事あるごとにぶつかり、毎日が嫌でたまらなくなりました。

こんな上司のいる会社ではとても働くことはできないと考え、ついに辞める決断をしました。

私は両親に相談するため、車を飛ばして栃木県の実家に行きました。「おまえが決めたのなら好きにしなさい」という言葉を期待していたのですが、父に「馬鹿者」と一喝されました。

「1つのことを3年間も続けていない人間が辞めるなど、つべこべ言うんじゃない。少なくとも3年は続けろ。それでも気持ちが変わらなかったら、そのときは辞めろ」

そして、こんな助言をしてくれました。


「おまえは上司が嫌だというが、企業には人事異動があるのを知っているか。その上司は一生おまえの上司なのか。そんなことはないだろう。1年後か3年後かはわからないが必ず異動がある。上司が異動するかもしれないし、おまえが異動するかもしれない。もしかするとおまえが昇進するかもしれない。それなのに上司が嫌だという理由で辞めたらもったいない」

不安を心配に変える一例

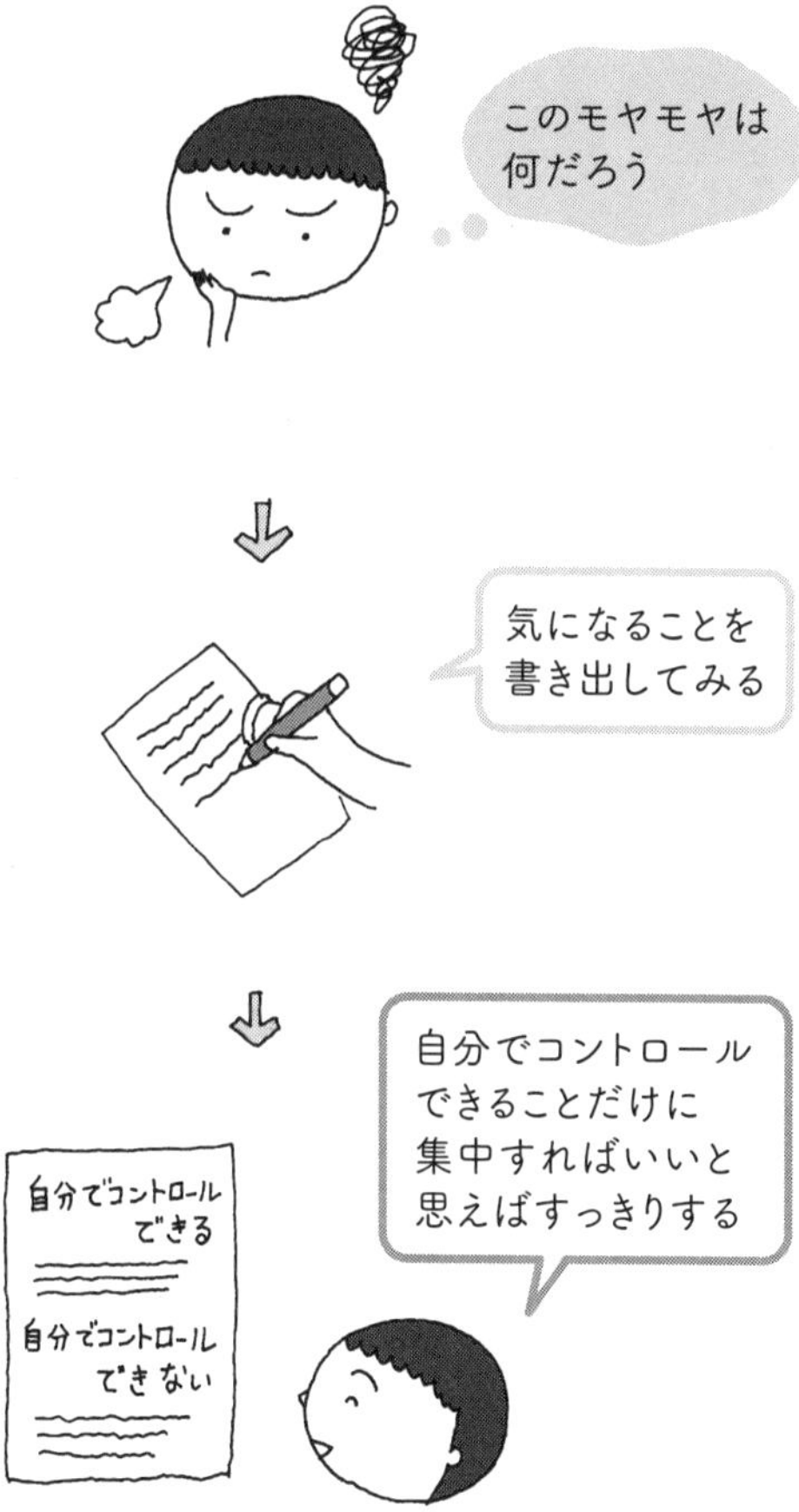

私は父親の言葉を聞き、こんなことを考えました。世の中にはコントロールできることと、できないことがあります。今すぐ上司を変えたいという願いは後者です。**コントロールできないことに注目していると不安が増えます。**すぐに上司を変えるのは無理ですから、その上司とうまくやっていくことのほうが、私の人生にはいい影響があります。

心配と向き合うときは、コントロールできるか、できないかをまず見極めるようにしています。

心配する技術⑤

▼方向性は大きく、行動は小さく

こういう結果を得たいと思ったとき、「うまくいくか、どうか」「上手にできるか、どうか」という**結果に注目していると不安になります。**管理するのは心配なのです。

何が心配だから、何をやるかを管理します。

心配は行動の母です。

そして自分の**心配をクリアするために、できるだけ行動を細かく刻みます。**


たとえば、教育ビジネスをはじめるにあたり、書籍を出版しようという大きな目標を定めました。このとき出版という結果だけを考えていても不安になるだけです。

しかし、どういう心配をし、どういう行動を起こせばいいかを探るために、あちこちで「本を出したい」と情報開示しました。

するとすでに著書を出している経営者の方から、

「企画書を出版社にもちこんだらいい」

とアドバイスを受けました。「企画をつくる」「出版社にもちこむ」という**具体的な行動がわかりました。**

そして、企画書をつくり出版社の編集者に見てもらいました。結果は、

「すぐには出版できない。ただし、もう少し内容がわかるものがあれば見てみたい」

というものでした。

そこで自分の考えを小冊子にまとめて配ることにしました。

すると、小冊子を見た別の編集者から出版のオファーをもらうことができました。


先日、「うちは子どもをつくらないと決めた」と話す30代のご夫婦に出会いました。

その理由は、これからの世の中を考えたときに、日本で生まれた子どもの将来が不安だからとのことでした。

不安を解決する手段として子どもをつくらないという方法をご夫婦は選んだのです。

子どもをつくらなければ、子どもに対する不安は起きません。**不安の元ごと消してしまった**わけです。

これは強烈な不安を打ち消すための行動です。

アンジェリーナ・ジョリーが乳ガンになる可能性があるということで、乳房を切除しました。検査の結果、乳ガンになる確率が高いということを知り、不安を消す行動をしたわけです。自分の母親が乳ガンになったことから自分も乳ガンになる不安に襲われ、何をどうしたらいいのかと考えたときに、乳房を切除するという決断をしたのです。

私は車を持っていません。

理由は「事故を起こしてしまうのではないか」という不安を打ち消すための私なりの行動です。都内に住んでいるということもあり、電車やバスを使えば十分に生活はできます。

どうしても車が必要なときは、レンタカーを借りたり、タクシーを使えばいいだけです。

実際そのほうがコスト的にも安くすみます。最近ではエコや健康のためにもそのほうがいいと思っています。

目標は自分が管理できるところまで、できるだけ引き寄せることが大切です。

子どもを生まない決断をするという話をしましたが、もしかすると目標を自分が管理できるところまで引き寄せていないのではないかと思います。引き寄せないうちに行動してしまったのではないか。

たとえば、お金の心配があるのであれば、保険をかけておけば、子どもは十分生活できた。そういう選択肢もあったのではないでしょうか。

目標をきちんと刻むことで、自分にできることが見つかります。自分なりの解決策が見つかります。

心配する技術⑥
「優先順位」をつける

心配するときには、何から手をつけるかがとても大切です。

たとえば、野球のバットスウィングを直す場合を考えてください。

すべての部位、たとえば、頭、肩、腰、グリップ、手の動き、体重移動、膝《ひざ》の曲げ方、スウィングの軌道などをすべて同時に直せと言われたら、まったくうまくいかないでしょう。

それよりも、まず1か所だけ直し、それがうまくいくようになってから次のポイントを直していったほうが早く上達します。

心配事も同じです。同時にあれこれ手をつけるよりも、**いちばん効果のある1点に集中して対処したほうがうまくいきます**。

まとめ

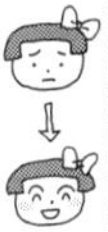

□適切な心配事があるのは、自分がよい方向へ進んでいるということ。
□自分の能力は考えずに、心配事を解決するためにすべきことを考える。
□できるだけ行動を刻み、コントロールできることを増やすのがコツ。

9

不安を心配に変えて生きていく

▼突然ガン告知を受けた友人の不安

私の元同僚の話です。彼は39歳のときに肺ガンになりました。

部下とカラオケに行った日に、風呂で血痰《けったん》が出ました。最初は歌い過ぎだと思ったそうですが、2週間経っても止まりません。彼は病院に行きました。血痰を調べたり、肺のレントゲンを撮ったりしましたが、結果は「大丈夫」とのことでした。

しかし、彼は直感的に「おかしい」と感じ2つ目の病院に行きました。ここでも「大丈夫」と言われました。

3つ目の病院では、「この血痰がどこから出るのか」と尋ねると、「わからない」と言われました。わからないのに「大丈夫」と言う医師に不信感を覚えました。

彼は昔から喘息《ぜんそく》の症状があり、かかりつけの医者がありました。定期的に通院するように言われていたものの、仕事が忙しくて数年間足が遠のいていましたが、意を決して飛び込みました。

レントゲンの結果を見て、医師の態度が変わり、すぐにCT検査をしました。医師の口から出た言葉は恐ろしいものでした。

「肺の上部の動脈付近にガンができている。うちでは手術ができない」

彼は大きな病院に緊急入院することになりました。

その日は来期の戦略会議でした。彼は私に「ガンなので来期は参加できません」と言いました。

会社を出ると、家族にどう話したらいいかと悩んだそうです。新宿駅西口のベンチに座り考え込んでいました。

ふと、時計を見ると3時間が経っていました。

「まずは新幹線に乗って、落ち着いて考えよう」

彼は熱海に行きました。観光協会で旅館を紹介してもらいドラマの舞台にもなった老舗《しにせ》旅館に行きました。

夕食になるまで、旅館の庭の大きな松を見ていました。

何も考えることができませんでした。心配した仲居さんが、夜11時くらいまでお酒につきあって、話を聞いてくれました。その日は、「俺は死んでしまうのか」と考えながら寝たそうです。

翌日携帯を見ると、家族からの着信が大量に入っていました。

まだ考えがまとまらなかったので、仲居さんにもう1泊できるかと聞くと、「あいにく予約がいっぱいで」と断られたそうです。

彼は、「そんなことはないと思う。自殺でもされたら困ると思ったのでしょう」と振り返ります。

帰り際、玄関まで女将《おかみ》さんや仲居さんが見送ってくれました。話を聞いてもらっただけでも少し落ち着いてきたので、「涙が出るくらいうれしかった」と言います。

▼ガンへの不安を心配に変える

東京へ戻る新幹線のなかでも心の整理はできませんでした。不安はどんどん大きくなっているように思いました。

そこで**不安をありのまま受け止める**ことにしました。

「いったい何が不安なのだろうか。死んでしまうからだろうか。いや、本当に死んでしまうのだろうか。知識がないからそれさえもまったくわからない。今わかっているのは手術のむずかしい肺ガンになったこと。その手術を受けるということだけだ。では自分にできる心配とは何か。最低限の病気の知識を身につけるべきではないか」

考えた末、東京駅近くの書店で、肺ガンについて解説したビデオを買いました。

家で奥さんが心配して待っていました。

奥さんの顔を見たら、抑えていた感情がどっと溢《あふ》れ、玄関先で「ごめん」と泣き崩れました。「ごめん。もう養っていくことができない」と。

それでも勉強しなくてはと思いビデオを見ました。

奥さんには「やめて」と言われたそうですが、

「わからないから不安になる。だから勉強するんだ」

と言いました。

突然の告知に動揺し、パニックになっていたこともあり、見ているだけでは頭に入りませんでした。

一時停止を繰り返しながら、重要な内容をノートに書き留めていきました。

ガンについてわかってくると心配が少し減りました。

ガンを告知されたときから、発見から半年で亡くなったアナウンサーのことが頭から離れなかったそうですが、

「あれはスキルス胃ガンであって肺ガンではない。だから、落ち着こう」

と思えたということです。

前向きに行動したことで、無用な心配が少し減りました。

▼「再発のときはあきらめよう」の一言で前向きに

手術を担当する医師は、はっきりと症状を言ってくれる人でした。

それが信頼につながったそうです。手術が近づくと、術後の生存率のことが気になり不安になりました。

死への恐怖がむくむくと湧《わ》いてきました。

医師の手術実績は「再発率7％」と低かったのですが、それでも自分がその7％になってしまうかもしれないという不安はありました。

「先生、5年後の生存率はどのくらいあるんでしょう」

すると医師からこう言われました。

「再発のときはあきらめましょう」

厳しい言葉のようですが、これではっとしたそうです。

それまでは、周囲からどんなになぐさめられても、「何もわからないくせに」と思っていました。

でも、はっきりと医師から告げられたことで、かえって前向きになりました。

死んだあとの不安については考えないようにしました。

悔いのないように生きよう、**心配できることを心配しよう**と考えました。

手術は成功しました。「再発率7％」の医師から「きちんと取ったから」と言われて、もしかしたら死なないと思うようになったそうです。

「5年間、再発しなければ大丈夫」と言われ、仕事に復帰。

もちろん、働き方は変わりました。

部下に対して、「俺が責任を取ってやるから好きにやれ」という仕事の仕方をしていた彼ですが、「役割と責任で仕事をやろう」というやり方になりました。

昔みたいなやり方はできませんでした。

そして数年前、告知から5年目を迎えました。その間、ガンが再発することはありませんでした。

▼風邪のようにガンを心配する

彼は2年前に再びガンになりました。「肺にごく小さな影がある」と医師に言われ、数か月おきに検診をし、2年間経過を見ていましたが、影が大きくなったタイミングで手術しました。検査の結果、それはガンでした。

このガンについては不安になることはありませんでした。

彼はこんなふうに言っています。

「ガンに対しては、今後もつきあっていかなくちゃいけないと考えています。風邪を引きやすい体質の人がいますが、自分はガンになりやすい体質です。それを**不安だとは思わない。きちんと心配しています**。たとえば、ガンになりやすい食べ物をとらない、検査をマメに受けるなどです。それでも生涯にあと3、4回手術を受けるだろうと考えています」

▼サイバーエージェントの不安対策

もう1つ、ビジネスでの例をお話しします。

サイバーエージェントは2014年8月1日付で、ブログなどを主軸とするネットメディア「アメーバ」事業に関する大規模な構造改革を行いました。

人員を全1600人の半分にあたる800人とし、800人を他部署へ異動させるというものです。異動となった800人は、スマートフォン向けアプリ開発などの成長が見込まれる新規事業に振り分けられました。

ですが、これだけ大きな異動が生じる改革となると、社員のあいだに不安が生じるのは当然です。そこで藤田晋社長は3つのことを心がけました。そのことについて藤田社長はブログに書いています。

1つは、**残るほうがいいのか去るほうがいいのかをわからなくさせる**、ということです。

アメーバ事業は、人員を半減させても収益やメディア規模を維持させなければなりません。残る人には負担となりますが、それができる実力と実績のある人間を、時間をかけて選定しました。

一方で、異動する半分の社員のモチベーションも考えなければなりません。アメーバ事業に忠誠心をもって仕事をしていた人がいきなり異動しろと言われたら、反発したくなるかもしれません。しかし今回、異動対象者がワクワクするような成長分野の事業を800人分、新たにつくりました。要するに、残る人も異動する人も、やり甲斐を感じられるようにしたのです。

2つ目は、**トップが前に出て説明を尽くす**、ということです。

今回は、対象となる1600人全員が入る大きな会場を借り、藤田社長から構造改革を実施する背景や狙《ねら》い、そして、残る人にも異動する人にも同じくらいの大きな期待がかかっていることなどを話しました。

そうした場を、形を変えて計3回ほど設けました。

ペーパーや全社メールで告げられたり、あるいは、報道を通じて知ったりするだけだと、社員のあいだに**あらぬ考えや噂《うわさ》が広まり、不安が増幅**します。

実際、今回の構造改革についても、一部のネット上ではネガティブな言説が散見されました。

ですが、こういうときこそトップが姿を見せるだけで、現場のとらえ方はまったく変わってきます。社長が前に出て笑っているだけでもみんな安心するものです。

3つ目は、**なるべく早く異動を完了させる**、ということです。今回は7月24日に発表し、25日に1600人を集めた最初の説明会を開き、その場で異動対象者も告げ、8月1日に異動を完了するというスケジュールで行いました。800人を、約1週間で異動させたわけです。

残る人と異動する人が混在していると、それぞれの立場に分かれてそれぞれの不安を口にしはじめます。さらに残る人は、去る人に遠慮をしてしまい、なかなか新体制への準備をはじめることができません。体制変更がわかっていても、実施まで1か月、2か月の期間があると、そのあいだ、前向きな話をしにくくなってしまうのです。ですが、速やかに異動する人が出ていけば、残る人だけで何とかしよう、やり方を変えよう、と自発的にやる気になるものです。

藤田さんが社長として社員が不安になることを予測して、不安を心配に変える手はずを迅速に取った。見えないことに対する不安を放置しておくとろくなことになりません。なぜなら、不安は非生産的だからです。できるだけ、**生産的な心配に変換して見通しをつけてあげる**ことはリーダーの大切な役目です。

このように不安という夕闇でうごめく影に光を当て、どうしようかと考えることはとても大切です。

あれこれ考えるのはストレスが多くて消耗しそうと思っている人がいますが、それは違います。**本当にストレスになるのは、きちんと考えずにネガティブな判断を下したり、解決できないような問題が見つかるかもしれないと恐れること**です。

まとめ

- □わからないから余計に不安が大きくなる。
- □不安に思っていることについて学ぶことも大切。
- □リーダーであれば、不安を抱えている部下に対して、不安を生産的な心配に変換して見通しをつけてあげよう。

4章

行動を続ける技術

7月
1 2 3 4
5 6 7 8 9 10 11
12 13 14 15 16 17 18
19 20 21 22 23 24 25
26 27 28 29 30 31
不安

10

行動を続けるには「見通し」が大切

▼行動を続けるには「見通す力」が必要

何が不安かわかったら、心配に変えて行動に移します。

行動は完了するまで続けます。

心配事がわかっても行動しなかったり、行動を続けられないと、再び不安を感じるようになってしまいます。

行動に移したり、行動を続けるとき、大切な鍵《かぎ》となるのが「見通す」ことです。

ゴールまでを見通すことができれば行動を続けることができます。そこでこの章では、見通すことについて考えていきたいと思います。


たとえば、みんなで高いビルの階段を上ったとしましょう。

最初の10分くらいは、みんな黙々と階段を上ります。

でもそのうちに、

「いったい何でこんなことをやってるの？」

「いつまで階段を上ればいいの？」

という疑問が湧いてきます。

疑問は「続けるべきか、やめるべきか」という迷いを生みます。そのうちに、

「こんなことやっても意味ないよ。もうやめた」

という人が次々と現れます。

ですが**目的と途中経過がわかっていれば状況は変わります。**

目的：階段を上って屋上のヘリポートからヘリコプターに乗ってこのビルから脱出すること
途中経過：階段は全部で1000段あって、今までに500段進んだ

このようにわかっていれば行動を続けることができます。

世の中で最も厳しい刑罰の1つと言われるのが穴掘り刑です。
ナチスドイツがこの方法で、捕虜を精神的に追いつめたと言われています。
まず「穴を掘れ」と命じられます。
穴が掘れたら今度は「よし、全部埋めろ」と言われます。
埋めたら再び「掘れ」と命じられます。
これが延々と繰り返されます。
いつ終わるともしれず、達成感もまったく感じられません。
だから苦しいのです。心配に手を打つときは、こうならないように注意しましょ

う。

▼ゴールから丁寧に「逆算」する

「自分にはできそうもない」と思っていることでも、計画を立てることで**「これなら、何とかなりそうだ」という思いに変わってくる**こともあります。

「自分にはできない」と感じていたものが、計画を立て近い未来を見据えることによって、**イメージがリアルになり、可能性を信じることができるようになります。**

ゴールから丁寧に逆算して、自分のすべきことが見えてくれば、行動につながります。

ゴールへ続く階段の1段1段がはっきりと見えていれば、「目の前の1段を上ればいい」と気づき、行動はスムーズになります。

▼先を見通せないときに行動が止まりやすい

私は講演や教育研修を行っていますが、ありがたいことに複数の講演や研修の依頼が重なることがあります。

自分としては、実施日の1週間前にはレジュメや資料を完成させようと心がけていますが、まれに実施日間近になってしまうことがあります。

こういうとき、頭のなかであれこれ構想を考えているうちは不安になり、行動が停滞しがちになります。それを**思い切って吐き出してみる**とすっきりします。

何が不安だったのかと考えてみると、講演で話す内容の全体像がつかめないことが不安なのです。それが、

「この講演では、この話とあの話をする。それにはこの資料が必要」

と全体像がつかめるとすっきりします。

紙に落とし込むとさらに落ち着きます。

これは心配することが何かわかったということです。

まとめ

- □心配を解消するための行動は完了するまで続けることが大切。
- □続けるコツはゴールまでを見通し、今の地点を確認すること。
- □先を見通すときには抱えていることを紙に書き出し、全体像をつかむことですっきりする。

11

「見通しをつける」3つの技術

見通しをつける技術①
▼「お金に対する心配」

では、さまざまな心配事に対しどのように見通しをつけたらよいでしょうか。
まずはお金に対する心配です。
私にはお金がなくなるという恐怖心、不安がありました。
一時は、夜寝るのが怖いと思ったほどです。
寝ているあいだにうなされて、横で寝ていた妻に起こされたこともあります。
資産（貯金）が少ない、収入が少ない、仕事が不安定、仕事の将来の展望が見えないなど、これからお金を稼ぎ続けていけるのか、お金を稼ぎながら生きていけるのかがわからないという心配です。

この場合、散財せず、貯金や節約をして、目に見える形でお金を残していくことで心配は解消していきます。

私は生活も分相応を心がけています。

たとえば、社会人1年目は、3万8000円の風呂なしのアパートからスタートしました。お金もないのにあるふりをしていい家に住んだりすることもしないし、逆に、お金があるのに必要以上に謙虚になって、小さい家に住もうとも思いません。

常に自分の現状レベルに合ったことを進めてきました。

たとえば、給料が手取り19万円なのに、月15万円のマンションに住んでしまう人がいます。これは明らかに分不相応です。借金してまで高級ブランド品を買う。高級外車を買う。これも分不相応です。

分相応の生活をすることがお金の心配事を少なくしてくれます。

見通しをつける技術②

「人間関係に対する心配」

頼れる人がいない。

何かあったときに助けてくれる人がいない。

信頼できる人がいない。

このように孤独を感じたり、自分が孤立していることに対して不安を感じている状態です。

アメリカで「心を許せる親友は何人いるか」という調査をしたところ、1985年は「3人」でしたが、2004年には「0人」でした。**孤独になると心配事があっても相談することができないので、見通しはつけにくくなります。**

私はシンガポールに行って間もなく、孤独感に襲われたことがあります。

たまに飲みに行きたいと思ったときに、気軽に誘える相手がいません。

仕事について相談する相手が限られていました。すごく狭い世界で生きている自分がいました。

人間関係に対する心配は、相手を知り、協力し、関わりをもつという主体性が鍵になります。自分から他者を知る姿勢をもち、積極的に関わり、交流し、時間をかけて認知し合うことで、「知り合い」という状態から「友人・頼れる人」へのステップを踏むことができます。

信頼関係をつくるためには、時間をかけて育んでいくことが必要です。ですので、最初からたくさんの人と関わりをもって、その人たちと少しずつ時間をかけて交流していくことで、次第に関係が深まっていく相手が現れるでしょう。

シンガポールでは人脈を広げるためにパーティーなどに出席しました。じつは、私はパーティーなどで初対面の人と話をするのが苦手です。そこでとても社交的な知人に相談したら「それは私も同じです」と言われました。

さらに「会場の7、8割の人もこの場にいづらさを感じているはずですし、もちろん嶋津さんの隣の席の人もそうです。声をかけてあげたらきっと嶋津さんと同じように喜ぶと思います」と言われました。その言葉でとても楽になりました。

「ジョハリの窓」を知っていますか。これは、あなたから見たあなた、そしてまわりの人から見たあなたを「気づいている」「気づいていない」という2つの面に分けてつくられたものです。次ページの図を見てください。人間関係においてイライラやストレスが起きやすい人は、BやCが大きいタイプです。逆にストレスから解放されている人はAが大きいのです。

ですからBやCを、Aのほうにもってくれば人生はとっても素晴らしい方向に進んでいきます。

CをAにもっていくには、何と言っても**できるだけ自分をオープンにする**ことです。自分に不利な情報を開示するということは、とっても勇気や度胸がいりますが、それによって自分が不利になることはあまりないでしょう。

自分も他人も気づいている窓を広げていこう

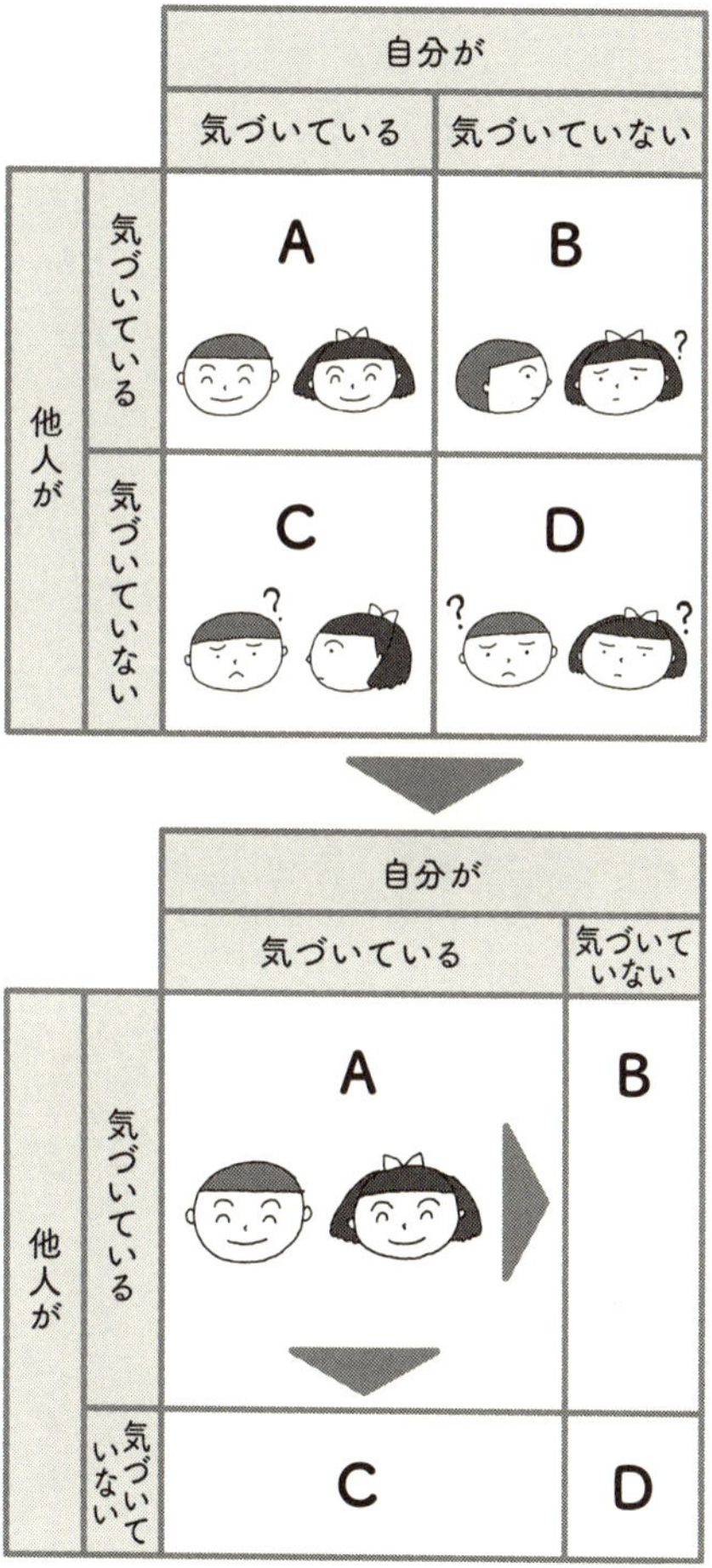

見通しをつける技術③

「老いや病気に対する心配」

冒頭に取り上げたセコムの調査を見ても、老いや健康に対する不安を多くの人が抱えています。

健康に対しては、不安をもっていなかったとしても、日ごろから対処するようにしましょう。あなたの将来のためにも、食事に気を使う、栄養バランスを保つ、適度な運動をする、定期健診に行く、人間ドックに入るなど、**予防するための行動を心がけます**。

私はずっと、自分の将来に関して、3つの不安をもっていました。

1つは自分が死んだあとについて。

もう1つは、仕事がなくなったとき。

もう1つが、病気やケガで働けなくなったとき。

この3つを早いうちに解消しなくてはいけないと思いました。

私が死んだときは、妻に「遺言ファイル」を残し、そのとおりにしてもらえば、家族は何とか暮らしていけます。

仕事がなくなったときについては、そうならないよう努力していくと同時に、仮になくなったとしても、何とか食べていけるくらいの不労所得を確保できるめどを立てています。

ただ私のなかで、生きているのだけど働けなくなったときに対する対策がずっとできていませんでした。

そのとき所得保障保険というものを見つけました。

この保険は、病気やケガなどの理由で働けなくなったときに所得を保障してくれます。仮に60歳まで保険を払い続けると200万円程度の投資になり、掛け捨てでやや高めではありますが、自分と家族が路頭には迷わないようにと、この保険に入りました。個人で仕事をしている人であれば、必要な保険だと思います。

自分の将来に不安を感じていると、自分自身がイライラします。自分の**イライラの元は、早めに自分で打ち消しておく**ことです。

まとめ

- □分相応の生活をすることでお金の心配事を減らそう。
- □できるだけ自分をオープンにし、心を開くことができる相手を見つけよう。
- □イライラの元は早めに自分で打ち消しておこう。

12

「迷いをなくす」6つの技術

▼「迷い」は心配を不安に戻す

行動を停滞させるものに「迷い」があります。

迷いには2種類あります。

1つは心配事がわかっていても、解決策を見通せない迷い。

「A案を実行したら解決するんじゃないか」

「いや、B案を実行したらいいんじゃないか」

「いや、C案では……」

いくつもの選択肢が思い浮かぶのに1つに絞り込めない。

「求婚者の多い娘はしばしば最悪の男を選ぶ」

という言葉があります。

「より好みする者は最も悪いものをつかむ」

とも言います。

どんなものや人にもよい点もあれば悪い点もあります。

それを悪い点だけを見てこれもだめ、あれもだめとより好みをしていると、**いつの間にか結局いちばんつまらないものを取らざるを得なくなります。**

もう1つは、解決策を見通せたのに、

「はたして自分にできるだろうか」

「うまくやりとげることができるだろうか」

と行動に移せない迷い。

いずれも心のなかに迷いが生まれています。

迷いは、やっかいなことに、不安を心配事に変え、心配事をなくすために行動するという動きに「待った」をかけます。

それどころかこのプロセスを反対方向へ押し戻します。

迷いとは、流れていた水が滞るようなものです。

水は流れているうちは澄んでいますが、流れが止まると澱《よど》んできます。心のありようもよく似ています。

迷うと心が澱み、重くなり、そこに不安が生まれます。

再び心が得体の知れぬ「ぞわぞわ」に取り付かれてしまうのです。

そこで迷わないための技術をいくつか紹介します。

迷いをなくす技術①

▼「非生産的な心配」を退ける

建設的に心配事を解決しようとしていたはずが、いつのまにか非生産的な心配について考えはじめているというケースです。

たとえば、タバコを吸う人が肺ガンになることを心配して禁煙する。太っているが血圧や糖尿病の心配をして脂っぽいもの、乳製品、卵などを食べるのを控える。

これらは生産的な心配です。生産的な心配は、具体的な行動に結びつきます。

一方で、非生産的な心配とは具体的な行動に結びつきません。

たとえば、親がガンで亡くなったので自分も将来ガンになるのではと不安になります。しかし、具体的な行動はせず、ただ不安になっているだけの人がいます。

具体的な行動に移すことができれば生産的ですが、ただ**不安になって苦しんでいるだけなら非生産的**です。

迷いをなくす技術②

▼「迷い方のルール」をつくる

迷うことが悪いわけではありません。

迷いはリスク回避とも考えられます。

本当にこの解決策でよいのだろうか、本当に行動して大丈夫だろうかと慎重になっているのです。

その一方で、解決したくないから迷う、行動したくないから迷うという場合もあります。

心の奥底で現状を変えたくないと思っているため、変化にブレーキをかけようとして迷うのです。

ですから、迷い方にルールをもっておくとよいでしょう。

私は意思決定をするとき、**「やる」と「やらない」が5対5以下のときは「やる」**

と意思決定しません。

「やる」と「やらない」が6対4になったら「やる」と決めています。

無理に決断しなくても、本当に大切なことであれば、いずれ「よし」と決断できるときがきます。

迷っているときは踏ん切れない理由が「何か」あるのです。

それでも大切なことであれば、いずれ決断のときがやってきます。不思議なことに必ず「よし、やるぞ」と思えるときがやってきます。

迷いをなくす技術③

▼「プロセスイメージ」をもつ

一般的に人はイメージしたことに対し、「これは行動する価値がある」と感じたときに動きます。

イメージには、**ゴールイメージ**と**プロセスイメージ**があります。

「こうなれたらいいな」、「こうなるんだ」というのがゴールイメージ。

それにたどり着くまでに「まずはこうやる」「次にこうやる」というのがプロセスイメージ。**プロセスイメージとは心配ともいえる**でしょう。

行動をうながすのはゴールイメージではありません。「なりたい自分」を描くのは大切ですが、それを強く思っているだけでは、不十分です。大切なのはプロセスイメージです。**プロセスイメージがある程度描けると、自然と決断し行動できます。**

だから迷っているときは、あえて決断しなくてもいいのです。

迷いを頭の片隅において情報を収集し、最終的に「いける」というレベルに達したら意思決定するのです。

イギリス出身のアメリカの経済学者のケネス・E・ボールディング氏は、

「人間の行動はイメージに依存する。イメージの強さが行動を決めている」

と言っています。イメージを強くもつことが大切なのです。

迷いをなくす技術④

迷ったら「最悪」を考える

タリーズコーヒージャパンの創業者である松田公太氏は、自身の著書『すべては一杯のコーヒーから』（新潮社）のなかで、1号店を出店する際の危機管理について興味深い考え方を述べています。

松田氏は、タリーズコーヒーの1号店を銀座の一等地に出店するため、7000万円の借金をしなければなりませんでした。当然、迷います。そのときに彼が考えたのは、「もし失敗して7000万円の借金を抱え込むことになったら、どうやって返すか」ということでした。

ここからの考え方はなかなかユニークです。

時給850円でコンビニのバイトを1日15時間、週休1日でやれば、月の収入は33万円から34万円。それに妻の収入も合わせれば、月に40万円は返済できる。そこまで考えて、「なるほど、こんなもんか」と思ったというのです。

最悪のケースを十分に考えることで、「悪くても、こんなもん」とはっきりし、迷いを脱したのです。

最悪のケースを考えると、大胆な行動を引き出したり、明確な判断をすることができます。最悪なケースを考えるというと、「ネガティブ思考はよくない」と言いますが、それは違います。**きちんと最悪を考えるから迷いを脱し、ポジティブな行動に移せる**のです。

迷いをなくす技術⑤

▼「イエローライン」を超えたときの行動を用意する

私はいざというときに迷わないように「**イエローライン戦略**」という危機管理方法をとっています。

イエローライン戦略とは、来月の目標や戦略を立てるときに、「来月のこの時点で、ここまで到達できていなければ、黄色信号」

というラインを決めておくことです。

そして、黄色信号が灯《とも》ったときには、**どんな行動を取るかもあらかじめ決めておきます**。そうすれば、何かトラブルに見舞われたときに、「まずい、どうする?」「話し合おう」という状況にはなりません。

予定の時期に予定の結果が出ていなくても、そのとき取るべき対策は用意されているので、「では作戦Aで行こう」とすぐに手を打つことができます。

現場の混乱もありませんし、対策会議を開く手間も時間も省けます。これがイエローライン戦略のよいところです。

「経営者にはびびり屋が多い」という話を聞いたことがあるのですが、何を隠そう、私も相当なびびり屋です。

ですが、危機管理をしないで「大丈夫」「やれば何とかなる」と豪気に振る舞うよりも、**十分な危機管理をするほうが、現実的にはうまくいく**ことが絶対に多いはずです。

迷いをなくす技術⑥

「悲観主義」で準備し「楽観主義」で行動する

リスクを考えて準備することは大切ですが、**あくまで思考は前向き**です。これが本当のポジティブです。何かを獲得しようと前向きに願いながらも、「うまくいかない可能性もある。こういうリスクもある」とネガティブに考えて、事前に手を打ちます。

そして、「あとはやってみないとわからないよ」と楽観主義で愚直に行動します。

世の中には「**馬鹿ポジティブ**」な人と「**馬鹿ネガティブ**」な人がいます。

馬鹿ポジティブは、リスクを考えることなく、自分に都合のよいことだけを考えて行動することです。

一方の馬鹿ネガティブは、リスクだけを考えて、行動しないことです。

老後の資金のことが不安だったとしましょう。

この場合、まず、いくら必要なのかを計算します。

90歳まで生きるとしましょう。月20万円必要だから、年間240万円、それが60歳から90歳までの30年間続くとなると、7200万円です。

そのお金を貯めるまでに何をしたらいいかと考え行動します。

月々いくら貯金するか。仮に40歳の人であれば、毎月30万円ずつ貯める必要があるということになります。そんなお金はないという人が多いのではないでしょうか。

そういうときはできる範囲の貯金はいくらなのかと考えます。仮に5万円であれば貯金できたとします。そういう場合は、そのぶんだけ実行します。

自分の手に負える部分だけカバーすればいいのです。

自分の手に負えないところまで考えていくと馬鹿ネガティブになります。

最後にこんな話を紹介します。

アイドルグループの嵐がデビューして3年が経ったころの出来事です。華々しくハワイでデビューした彼らですが、3年経っても思うような活躍ができず、メンバーは不安な日々を過ごしていました。当時は、「今後どうなっていくのだろう」と、朝まで語り合うことも多かったと言います。櫻井翔《しょう》さんは、「このままでは数年後には嵐は解散しているかもしれない」と思っていたような時期でした。

あるときメンバーの松本潤さん、櫻井翔さんが、「今の停滞状況を打破してブレークするには、今ある仕事をすべて投げ打って下克上を起こすしかない。みんなどう思うのか」という話になったそうです。

仕事の量も少なく、オファーされる仕事の内容も積極的にやってみたいものばかりではありませんでした。だから、今の生活も仕事もすべてをリセットしてやり直そうという意見でした。

そのときにリーダーの大野智《さとし》さんが「嫌だ」と言ったそうです。普段はメンバーの意見に対して口をはさむこともなく、「わかった」「いいんじゃない」とすべて肯定的に受け入れていたリーダーの「ＮＯ」にメンバーは驚いたそうです。

大野さんは、

「今、目の前にあることをがんばれないやつが、何をがんばれるんだ」

と強く主張しました。迷っていたメンバーは再び毎日の仕事にひたむきに取り組むようになりました。

その結果、嵐はその3年後にブレークし、現在の活躍はみなさんご存じのとおりです。

行動してみてもうまくいかないと迷いが生じます。このままでいいのだろうかと。

しかし、迷いを振り払って行動を継続させることにより、思い描くゴールに到達できるのです。

まとめ

□迷いが生じると行動することができなくなる。

□迷いはリスク回避とも考えられ、迷っているときに無理して行動する必要はない。

□危機管理を十分にし、プロセスイメージをもってポジティブに行動したほうが、うまくいくことが多い。

5章

不安とつきあう技術

13

定期的に「不安の掃除」をする

▼いつのまにか「ホコリ」はたまっている

私たちはまだ見ぬ未来に向かって生きている以上、不安がなくなることはありません。

不安をなくしても、新たな不安が湧《わ》き出してきます。

あなたが気づいていなくても、ホコリのような小さな不安が心のなかにたまっていくものです。

そこで**定期的に、《心のホコリ》を書き出して**みましょう。

たとえば、次のようになります。

《心のホコリ》

・Aさんと仕事のコミュニケーションがうまく取れていない
・Bさんからの仕事の評価が厳しかった
・Cさんに飲み会に誘われたが行きたくない
・確定していない約束が2件ある
・仕事に集中できず、ついネットを見てしまう
・入金されていない仕事がある

出てきたものを見ると、

「これに手を打てば、**関連してほかのホコリも取れる**」

というものがあります。複数のもやもやに影響を与えているホコリの大ボスの正体も見えてきます。

このときは、確定していないアポが2件あることが大ボスだとわかりました。

自分ではそれほど大きな悩みとは思っていなかったのですが、書き出して1つ1つ考えてみるとそれが大きな心の重荷になっていました。

そこで、それまでは相手からメールをずっと待っていたのですが、電話をして別件が入りそうなことを伝え、その場でアポの日時を決めました。

するとホコリがきれいに取れました。

大きな悩みがたくさんあるように感じていても、じつは電話1本ですむような小さなことがホコリの大ボスであることもあります。

▼ホコリを「3つの箱」に分類する

次に、出てきたホコリを**3つの箱に仕分け**します。

①手を打てば解決するホコリ
②少し時間をかけて考えるホコリ

③自分ではどうすることもできないホコリ

「手を打てば解決するホコリ」は、なるべく早く行動を起こします。この手のもやもやはちょっとした行動で消えることが多いのです。

「少し時間をかけて考えるホコリ」はすぐには行動を起こさず、期限を区切って考えます。このホコリとつきあうのは苦しいことかもしれませんか、この苦しさを内側にためることが人としての成長につながります。

「自分ではどうすることもできないホコリ」は、考えてもしかたがないので、その後はあまり考えないようにします。たまに思い出すことはありますが、「しかたないよね」と思って意識の奥底に沈めておきます。

私の友人は、住んでいるマンションのことでもやもやすることがあったので、書き出してみました。

・左隣に犬を飼っている人が引っ越して来た（住んだ当初はペット不可だったが、空き室対策でペット可になった。犬の臭いがしたら嫌だという不安と大家さんに対する不満）
・家賃がずいぶん下がっている（うちの室料より隣部屋の室料は1万円以上安くなった）
・子どもが大きくなって部屋が手狭になってきた
・今のマンションは小学校まで徒歩5分と近く安心で便利
・よい賃貸物件がほかにあまりない

書き出してみると、「引っ越したい気持ち」「引っ越したくない気持ち」「引っ越しできない事情」があることがわかりました。

そして引っ越しできない事情から解放されるのが子どもが小学校を卒業する2年後だということもわかりました。そこで2年間検討し、資金も貯めて、2年後に引っ越しを実行しようと決めました。

これだけでずいぶんすっきりしました。**もやもやしていたのは、悩みの正体がわからずに漠然と悩んでいたから**です。そのうえで、自分の住まいを決めるときにいちばん大切にしていることは何か、どういう条件のときに引っ越しするべきかを考えました。

▼関係ない心配事は「どんどん捨てる」

不安の定期検診をして心配事がはっきりしたら、それを分類して、**自分と関係ないものはきれいさっぱり捨てます。**

分類の仕方はこうです。

まず、「自分の心配」か、「他人の心配」か、「自分と誰かで共有する心配」か、「そのいずれでもない」か。**心のなかに留めていくのは、「自分の心配」と、「自分と誰かで共有する心配」**です。

この2つは解決方法を考えます。

一方、他人の心配、そのいずれでもないものは、きれいさっぱり忘れます。

他人のことを心配しないなんて冷たい人間だと思うかもしれません。

しかし、それはあなたが自分をよく見せたいために、かっこうをつけているだけです。他人の心配をしている自分に酔いしれているだけかもしれません。

私に言わせれば、そもそも自分のマネジメントができていない人が、人をマネジメントできるはずがありません。

心の余裕があるのなら、他人の心配に向き合ってもよいでしょうが、「大きなお世話」という言葉があるように、いくら心配したからといって、相手の状況が改善されるわけでもないことがよくあります。

確かに、感情的に心配になるのはわかります。何かをしてあげたいと思う気持ちも理解できます。それを否定しているわけではありません。

今は「ぞわぞわ」している自分の心を少しでも軽くすることが先ですから、他人の心配は捨ててしまいましょう。

それは自分で抱えるべき心配？

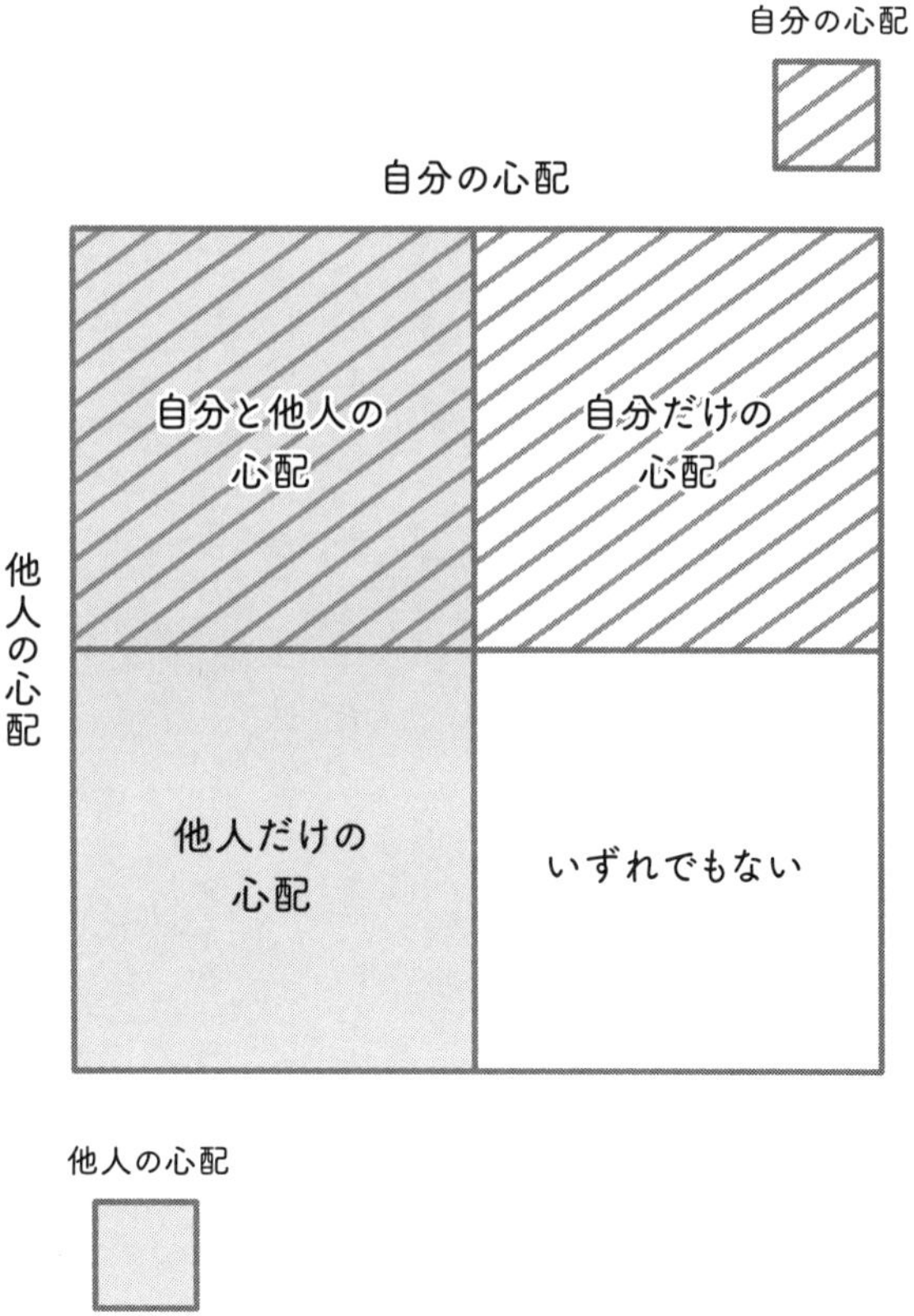

まとめ

□定期的に、《心のホコリ》を書き出してみる。

□①手を打てば解決するホコリか、②少し時間をかけて考えるホコリか、③自分ではどうすることもできないホコリか、３つに分類する。

□自分の心配なのか、他人の心配なのか、はっきりさせて、自分を大事にし、自分の心を整えることを優先させて、関係ないことはきれいさっぱり捨ててしまおう。

14

不安と「距離を置く」6つの技術

不安と距離を置く技術①

▼不安と「3センチのすき間」をつくる

すべての不安をきれいさっぱり解決するのは、じつは無理です。

誰でも自分の力では解決することのできない不安を抱えているからです。

解決できたと思っていても、一時的に忘れているだけです。

でも、それで十分なのです。

それでも不安に苦しんでいる人が多いのは、まじめな人が多いということ。

私の知り合いの大学生で、

「不安をほったらかしにしてはいけない」

「この不安が解決しない限り、自分の人生は前に進まない」

と思っている人がいました。

彼は、寝ても覚めても不安について考えていたために、自分と不安が密着してしまい、とても苦しそうでした。

私は「自分と不安との距離を3センチ取ろう」とアドバイスしました。

気分を変えて「3センチのすき間」を取るよう心がけるのです。


知り合いの30代半ばの証券会社の営業マンの話です。

営業ノルマがきつく10達成すれば15になり、それクリアするとさらに20に増えるという会社でした。

彼は一生懸命に仕事してきましたが、数年前から突然やる気を失いました。

「どうしたらいいでしょう」

と相談されたので、私は、

「どうにもなりません」

と答えました。

じつは「**どうにもならない**」というのは、不安と「3センチのすき間」をつくる方法の1つです。「どうにかなる」と思うから、不安と密着してしまいます。「どうにもならない」と思えれば、不安との「3センチのすき間」をつくることができます。

不安と距離を置く技術②
▼「とりあえずよしとしよう」

やらなくてはならないことが10あって、がんばったけれど7しかできなかった。

そんなとき、あなたはどんな気持ちになりますか?

私の友人にこんな男性がいました。

その人はもともとの能力も高く、与えられた仕事は完璧にこなしていました。

つまり10ある仕事は10こなしていました。

彼は若くしてマネジャーに抜擢され6人の部下をもちました。
そのとき彼は思いました。
「6人全員が完璧に仕事をこなさなければならない」
彼は部下全員の仕事を把握し、至らない点はすべてフォローしようとしました。
しかし、そんなことはできません。
普通の人ならそう思います。
でも彼は、自分の能力のなさに原因があると考え、自分を責めました。
その結果、あらゆることを不安に感じるようになってしまいました。
体調が悪かったり、別の用事があったりして10の仕事を10できるとは限りません。
しかし、いくらできないといっても0ではありません。
6か7はできているはずです。
こういうときは「**とりあえずよしとしよう**」と口に出します。
「10はできなかったけど7できたから、とりあえずよしとしよう」
彼のようなまじめな人は「とりあえずよしとしよう」と現状を受け止めることが大

切です。

そうでないと「全然できなかった」と自分を全否定してしまいます。

でも、実際には7できたことに注目することが大事です。

足りない3を埋めるためにも、「全然だめ」と考えるより、**「7できた。残り3はどうすればよいか」**と考えるほうが建設的なのです。

「とりあえずよしとしよう」と口に出すことで不安との距離が生まれ、今まで見えなかったものが見えるようになります。

これがとても大切なことです。

不安と距離を置く技術③

▼「断られて当たり前」「できなくて普通」

私は営業の仕事をはじめたばかりのころ、お客様に門前払いされてばかりいました。

1日に100～200軒の企業に飛び込むのですが、受付で断られてばかりでした。

けんもほろろに断られ続けたため、

「この先まったく契約が取れないのではないか」

と不安になりました。

すると私の暗い顔を見かねた先輩にこう言われました。

「おまえさ、野球で一流のバッターは何割ヒットを打つか知ってるか？」

「**3割打てれば一流**だって言われていますよね」

「そうだよな。10回バッターボックスに入って3回ヒットを打てたらOKということだよな」

「はい」

「営業も同じだよ。10軒訪問して10軒に売れるわけがない。10軒訪問して3軒話を聞いてくれたら御の字なんだ。おまえが生きているのは断られて当たり前の世界なんだから、お客様に断られたくらいでくよくよするな」
「断られて当たり前」というアドバイスをもらい、「なるほど」と思い、不安はなくなりました。

うまくいくよう努力はしていても、**うまくいかないほうが圧倒的に多い**と気づき、急に楽になりました。ここに気づいたことで、その後は失敗を恐れず、前向きに挑戦することができました。

失敗してもあまりくよくよせずに、「10回のうちの1つか」と割り切ることができました。

これは営業の例ですが、世の中のことの多くはうまくいきません。ある意味、思ったとおりにいかないことの連続です。

ユニクロを展開するファーストリテイリングの柳井正会長兼CEOも、
「ユニクロは多くの失敗を経て成功に至っている。僕はずっと失敗してきた。今までのどのビジネスでも1勝9敗くらい。致命的にならない限り失敗はしてもいい。やってみないとわからない。行動してみる前に考えても無駄です」

と言っています。

自分の思うようにはなかなかいきません。

これがわかると「自分はダメだ」と不安になることがありません。

加えて、今まで自分だけの価値観に縛りつけられていたことに気づきます。

不安と距離を置く技術④
▼不安に名前をつけて「外に出す」

不安にとらわれていると、頭が固くなってしまいます。

1つの考えや感情にとらわれ、それにばかりに気を取られて頭がいっぱいになります。

すると、その考えや感情を吟味する余裕がなくなります。

大切なのは不安と少し離れること。

私は「不安を自分の外に出そう」と言っています。

不安が自分の外に出れば、自分の置かれている状況を客観的に眺めることができます。

そのための方法が、**湧き上がってきた不安に名前をつける**こと。

この本のなかでは不安のことを「ざわざわ」とか「ぞわぞわ」とか「もやもや」と呼んでいます。

私の知人には「不安くん」と呼んでいる人もいます。

「あっ、心のなかに『ぞわぞわ』が広がってきたぞ」

「おっ、おなかのあたりで『不安くん』が暴れ出したな」

などと考えます。

心のなかの得体の知れないものを、不気味でわけのわからないものと考えていると、それは少しずつ大きくなります。でも、名前をつけたとたんに、客観的に見られるようになるのです。

子どもたちに流行《はや》っている『妖怪《ようかい》ウォッチ』というゲームやTV番組を知っていますか？

主人公ケータのまわりで、さまざまな怪現象が起きます。

しかし、ケータが「妖怪ウォッチ」で照らすと、怪現象を引き起こしている妖怪の正体がわかります。それぞれの妖怪には名前と特徴があります。ケータはその妖怪の特徴を考えながら、味方の妖怪を呼び出し、いたずらをしていた妖怪を倒すのです。

不安は、目に見えないので不気味で怖い。

でも、名前をつけた途端、不思議なことに自分のなかからそれは外に出ていきます。

1つの考えや感情から解放されると、**心が少し楽になり、新しい何かに気づく**ことができます。

不安と距離を置く技術⑤

不安を「気にしない」

ある人から「もう15年くらい妻とセックスをしていない」と告白されたことがあります。

奥様が浮気をしていないなら、彼女は「花の30代」を誰ともセックスしないで過ごしたことになります。

私は「それでは奥様がかわいそうなのでは」と言いました。

「浮気をしているのではないか」

彼は私がそう考えたと思ったようです。

彼は「それについては知りたくもない」と言いました。「妻とはうまくやっているし、いい関係を築けている。そこは気にしないようにしている」と言いました。

浮気をしているかどうかはわかりません。

そんなことを知ってもどうしようもないし、知りたくもないから、あえて**不安の箱**

には入れないようにしているというわけです。

反対に、夫や妻が浮気をしているのではないかと不安になり、携帯電話やスマートフォンの着信履歴やメールをのぞいてしまう人がいます。

そうすると不安はどんどん広がっていきます。

「浮気をしている」という仮説を立て、それを裏付けようというアンテナが立っていますから、**あらゆることを浮気に結びつけるようになります**。

何気ない異性とのメールのやりとりを見ても、浮気ではないかと思ってしまうのです。もしかすると無意味に不安を大きくしているだけかもしれません。

これと似た話で、私は部下の仕事ぶりを見ていると、「そこはそうやるんじゃない」「いや、そこでそう言ったらダメじゃないか」などとイライラすることがよくありました。

そういうときは、私は部下の仕事ぶりを見ないようにします。見れば見るほどイライラするので、その場から立ち去ります。

イライラするからと文句を言ったり、「こうやるんだ」と指示してしまうと、部下の成長を妨げることになります。でも、近くにいるとイライラするから、見ないようにします。

あるときは机の位置を変えてしまったことがあります。「悪いんだけど、席変えていい？」と言って、自分の席をオフィスの隅に移動し、パーテーションで囲って、部下の仕事ぶりが見えないようにしました。

そうするとイライラから解放されましたし、部下も伸びていきました。

不安と距離を置く技術⑥

▼どうにもならないことは「あきらめる」

どうにもならないことは**あきらめることも大切**です。

あるセミナーの依頼がありました。大阪で午前中のセミナーだったので会場近くのホテルに前泊しました。

事前に地図で確認し、場所もわかっていたので、当日の朝は時間の余裕がありました。朝食をとり、余裕をもって出かけました。

ところが地図のとおり行ったところ、同じ番地に複数の高層ビルが建っていました。ビル警備の人に聞くとその会社のビルはこの周辺にいくつもあるというのです。担当者に電話をしても通じません。

次第に研修開始時刻が迫ってきました。手当たり次第にいくつかのフロアに上がってみましたが、目的の会社はありません。どうしたらいいのかわからなくなりました。

いろいろ考えてみましたが、私の出した結論は、「どうにもならない」でした。そこでビルの1Fのソファーに腰をかけ、担当者へ電話をかけ続けました。一方で、セミナーに遅刻したときのシミュレーションを頭のなかで考えていました。

参加者に対して何と言うか。今、現在起きているエピソードをネタとして使おうと考えていました。

しばらくすると担当者から電話がかかってきて、「時間になってもいらっしゃらなかったので不安になり、電話をかけようと思ったら、セミナー会場が地下だったせいで電波が届いていないことに気づきました」と言われました。

結果的にはギリギリ間に合い、会場に到着してすぐにセミナーがはじまりました。

まとめ

□不安と自分のあいだに「3センチのすき間」を取るよう心がける。

□不安に名前をつけることで、客観視することもできる。

□完璧主義に陥らず、「7できた。残り3はどうすればよいか」と考え、時にはあきらめも大切。

15

「情報」からの距離の置き方

▼社会によって不安体質になりやすくなっている

現代社会は日常的に強い刺激を受発信しています。

とりわけインターネットが普及したことによって、**不必要で刺激的な情報がどんどん入ってくる**ようになりました。

心にとって刺激は快楽です。よい刺激、悪い刺激に限らず求めます。

しかし、日常的にこうした情報を受けるのは、うどんに唐辛子を山のようにかけて食べるようなものです。少量の唐辛子では辛味を感じなくなるので、**「もっと」「もっと」と刺激の量が増えていきます。**

当然ですが、大量の唐辛子は身体に負担がかかり、健康を損なう可能性が高いのです。

刺激的な情報のなかには、心に負担がかかるものもたくさんあります。それがますます不安な状態をつくりあげます。

情報から「距離を置く」

刺激的な情報が余計な不安を増やすことがあります。

たとえば、ネットを見ているときにたまたま新型ウイルスに関する情報が目に入り、心に響いてしまうことがあります。

不安になっていろいろな情報を調べはじめます。

不安が暴走する瞬間があります。

調べ出すと止まらないのです。

自分とは関係ないことに夢中になります。

どうでもいいニュースをクリックしたがために不安が広がります。それはまるで隣の家の蜂の巣をつついてしまったようなものです。自分とはまったく関係なかったはずなのに、まきこまれてしまうのです。

ですから**不必要な情報に近づかない**ことも大切です。

たとえば、スマートフォンをもっている限り、常にネットワークに接続できる環境に身を置くことになります。

仕事中でも、移動中でも、好きなときに、いろいろなことができます。

メールやＬＩＮＥ、ツイッターやフェイスブックなどのＳＮＳ、情報検索もできます。

とくに必要でない情報でもアクセスしたくなるでしょう。最近はインターネット広告のレベルも高くなり、ついバナーを押してしまいがちです。

もちろん、そうした誘惑に負けない強い意志があればいいのですが、そんな人は少ないでしょう。**自分が誘惑されそうなものは遠ざける**工夫が大切です。

情報が氾濫《はんらん》していると同時にもっと重要なのは、人々が情報を知らなければならないと思い込んでいる点です。情報が多ければ多いほど、よい商品をつくることができ、会社が儲かるという考え方です。

しかし結果を左右するのはもっている情報の量よりも、情報を種々選択して整理し、いかに解釈するか、いかに咀嚼《そしゃく》するかです。

まとめ

□ネットなどの刺激的な情報が余計な不安を増やすことがある。

□不必要な情報に近づかず、自分が誘惑されそうなものからは距離を置こう。

16

安定的に生きるには「変化」が欠かせない

▼「知らぬ強さ」「知る弱さ」

私が28歳で情報通信機器の販売会社を立ち上げ独立したときのことです。

私は経営の「いろは」もわかっていませんでした。

いっしょに独立してくれた仲間を後悔させたくないという思いだけで、会社員時代よりも給料を上げ、資本金1000万円を借りて、株式会社にしました。

そのお金は登記がすむと返済し、私の個人の借金が1000万円残りました。

資本金の穴埋めのために、さらに国民金融公庫からも借りました。

今から振り返ると、知らない強さというものがあったと思います。

知らないからこそ不安にもなりませんでした。

今同じことをやれと言われても、怖くてできないでしょう。

いろいろな経験をして怖さを知っているからです。心配する要素が増えています。

返していける見通しがありながらも心配は尽きません。


「走る前に考えるか、走りながら考えるか、走ってから考えるか」


という言葉があります。

年齢を重ねれば重ねるほど、経験が増えることにより引き出しが増えるので、余計なことをいろいろと考えるようになります。

余計なことを考えるあまり不安になり、走り出せない自分に気づきます。

これは「知る弱さ」だと思います。

▼「走りながら考える」クセをつける

私はどちらかというと、「考えてから走るタイプ」でした。

それについてはよかったと思うし、その結果として今の自分があります。

ところが40歳を過ぎ、気力、体力、知力がともに落ちてきているなかで、保守的になってきている自分に気づきました。

どこかで若いころのようにバリバリ働く必要がないと感じるようになり、サボれる状況も出てきます。

嫌な仕事、面倒な仕事は断ろうと思えば断れてしまいます。

実際、一時期そうしてしまった時期もあり、「これはよくない」と思うようになりました。

そこで日本に戻ってからは、あまりに的外れなものでなければ、すべての仕事を受けようと考えています。

若いうちは無鉄砲な行動を取ることもあったので「考えてから走る」くらいが丁度よかったのですが、人間誰しも加齢とともに保守的になる傾向があるので、**考えてから走ると行動が鈍くなります**。

いろいろな経験を積んだことによって知識もつき、若いころでは考えられなかったことも、考えられるようになりました。しかし、考え過ぎると行動が鈍くなるので、今は「走りながら考える」と決めています。

まず何よりも「Yes, I can.」

たとえば、やったことのないテーマのセミナー依頼がくることがあります。

正直言えば、何を話していいのかさっぱりわからないこともあります。

すると自分にできるだろうかと考えはじめ、やらない方向に動いていきます。

ですが今は「Yes, I can.」と考えています。

考える前に受ける、行動を先にと考えています。

実際にやってみると何とかなります。

やるときはやるというのがとても大切で、実施するまでにさまざまな苦労がありますが、終了後は爽快感《そうかい》に溢れています。

やったことのないテーマ、話したことのないテーマをセミナーで話すのですから、最初は不安でたまりません。

それを**心配に変えて、行動に移していきます。**

不安の状態のまま、何をするかは決まっていないのですが、行動することだけは決まっています。新しい世界に飛び込むという気持ちよさもあります。

▼本当にできないものはそもそもテーブルにのらない

何でも受けるとはいえ、直感的なものが働きます。

もし会社の財務に関するセミナーをやってほしいと言われたら、絶対に受けないでしょう。なぜなら、迷うまでもなく、そのテーマでは話せないと思うからです。

「できるかな」と迷うことは、たいていできるのです。うまくいくかどうかは別にして、少し背伸びすれば手の届く範囲にあります。そのことをあなたの直感がわかっているから、迷うのです。できないものは最初から迷わずに、できないと判断できると思います。

この判断は経験に基づくものです。ある人が、

「才能とは脳に埋め込まれた情報の数である」

と言っていました。

まさにそのとおりだと思います。

いろいろな情報が埋め込まれていると、何かあったときに脳のなかの引き出しがぱっと開くのです。**経験を積めば積むほど直感力は高まる**のです。

そういう点では直感を大切にすることはとても大切です。

出てきた直感を「本当に大丈夫だろうか」と考察しはじめると、いろいろな情報を引っ張り出すようになります。

引き出しからいろいろなものを出し過ぎて、机の上が散らかってしまう感覚になり

ます。1つ2つ引き出しを開けた時点で、依頼を受けてしまえばよかったのに、引き出しを開け過ぎていろいろ考えはじめたために依頼が受けられなかったことがよくありました。

▼「直感」を大切にして行動する

ですから、直感を大切にすることがとても大切です。

考えずに感じることが大切なのです。

それは年齢とともに意識します。人は誰しも年をとるにつれ、行動しなくなり、考えてばかりになります。

あわよくば、このままの日常が続くことを望みます。

「もう上がらなくてもいい。下がらなければいい。あわよくばこのままゴールに向かいたい」

と思います。

自然、新しい行動はしなくなります。それが不安を生みやすくします。**行動しないから不安になる**のです。

▼不安定な社会を「安定した心」で生きる

最近、新入社員の安定志向が高まっているといいます。

多少不満があっても我慢し、転職すべきではないと考え、地位にはこだわらないという人が5割を超えています。

20代前半で、仕事の目標や人生の展望がしっかりできている人は少ないものです。ですから、この考え方には親世代の影響があるでしょう。子どもの幸せを願う親は、「社会が不安定で就職も厳しい。子どもには安定した暮らしをしてほしい。だから安定した会社に長く勤めてほしい」

と考えるのです。

子どもたちは、親からの教えも参考にしているのかもしれません。

ただ、ここには「会社はずっと安定している」「終身雇用される」という前提があるような気がします。

けれども実際には、安定していると思った会社がいつ不安定になるかわからない時代です。自然災害によって一瞬にして窮地に追い込まれることもあります。

今後、会社が**生き残っていくためには「変化が必要」**です。

「最も強い者が生き残るのではなく、最も賢い者が生き延びるのでもない。唯一生き残ることができるのは、変化できる者である」

とチャールズ・ダーウィン（イギリスの自然科学者）も言っています。

変化するということは一見不安定ですが、じつはとても重要なことです。今の時期、変化を自ら望んで、自ら身を投じるべきです。

これは、個人でも同じです。

不安定な社会を、安定した心で歩むのです。

不安定はエネルギーに満ちている

私たちの暮らしている社会は不安定なものです。

ですから、不安定のなかにいることを恐れないでください。

不安定とは変化のことです。

行動することで不安は消えていきます。

本当の安定とは、不安定な状況を安定した心で歩むことです。

私たちは安定を求め、物事が静止した状態を保とうとします。それができればコントロール可能だと考えるからです。しかし、物事はたえず変化していますから、この考え方は通用しません。じつはこのような考え方のために、かえってコントロールする能力を失っているのです。

不安定なことは自然、すっきり白黒がついているのは不自然です。

秋に庭の落ち葉を掃除していた千利休《せんのりきゅう》がきれいに掃き終わると、最後に落ち葉をパラパラと撒《ま》いたそうです。

「せっかく掃いたのになぜ」

と人が尋ねると、

「秋の庭には少しくらい落ち葉があるほうが自然でいい」

と答えたといいます。不安定な状態とはこれに似ています。

不安定はエネルギーに満ちているのです。

整然とした状態に、力学的エネルギーはゼロです。混沌《こんとん》こそが力を生み出す源なのです。

不安とは「夕暮れ時にぼんやりと見える影」です。

影の正体を見極め、不安を消すことはできます。

しかし、すべての不安を完全に消し去ることはできませんし、消してもすぐに新しい不安が生まれます。

それが人間というものです。

そういうときは、不安が心のなかに少しくらいあっても気にしない。

それこそが生きる力となるのです。

まとめ

□考えてから走ると、行動は自然と鈍くなる。

□生き残るには変化が必要であり、経験を積めば積むほど直感力は高まっていく。

□不安定にこそエネルギーが満ちている。

□本当の安定とは不安定な状況を安定した心で歩んでいくこと。

おわりに

あなたは未来に向かって生きています。

未来は鮮明に見通せていますか？

おそらく、うすぼんやりと見える程度でしょう。

つまり**未来に向かって歩きはじめるということは、不安と向かい合うということです。**

この本はじつは文中にも登場している私の友人の病気がきっかけで書き上げました。彼は仕事を失い、収入が途絶え、今後のことを考えると不安でしょうがないということを話していました。

そもそも不安は誰もがもっているにもかかわらず、その不安を克服する人とそうでない人との差は何なのだろう？　不安はどこからやってきて、どこへ消えていくのだろう？　心配とは根本的に何が違うのだろう？　彼のように不安の念にさいなまれ、苦しんでいる人がほかにもいるのではないか？　そんなことを考えていたら、その彼に贈る1冊として書き上げようと思ったのです。

不安というものは、一生つきまとうものなのです。

それならば不安をいたずらに拒絶するのではなく、不安が心のなかに存在することを認めつつ、適当につきあったほうがよいでしょう。

そのほうが生きやすいのです。

本書のなかで不安をなくす方法を述べてきましたが、なくしても未来に向かって歩き続ける限り、次の不安が現れます。

心のなかから一切の不安が消えることはないでしょう。

なくしても次々と現れるのが不安です。

不安、心配、迷い。

彼らは一生おつきあいする友だちです。けっして悪いものではありません。

コマが勢いよく回っているところをイメージしてください。

一本足という不安定な形なのに、軸がぶれることもなく静かに回転しています。

とても静かで安定しています。

でも、実際には高速で回転しています。

これと同じことで、**私たちも動くことで安定することができます。**

不安はなくしても、また生まれてきます。

不安が次々と発生する世の中を、安定した気持ちで生きていくには行動を起こすのがいちばんです。

勢いよく回転するコマをめざしましょう。

嶋津良智

〈著者略歴〉

嶋津良智（しまづ　よしのり）

教育コンサルタント、一般社団法人日本リーダーズ学会代表理事、リーダーズアカデミー学長、一般社団法人日本アンガーマネジメント協会理事、早稲田大学講師。

大学卒業後、IT系ベンチャー企業に入社。同期100名のなかでトップセールスマンとして活躍、その功績が認められ24歳の若さで最年少営業部長に抜擢。就任3か月で担当部門の成績が全国ナンバー1になる。

その後28歳で独立・起業し代表取締役に就任。翌年、縁あって知り合った2人の経営者と新会社を設立。その3年後、出資会社3社を吸収合併、実質5年で52億円の会社まで育て、2004年5月株式上場（IPO）を果たす。

2005年、「教える側がよくならないと『人』も『企業』も『社会』もよくならない」と、次世代を担うリーダーを育成することを目的とした教育機関、リーダーズアカデミーを設立。講演・研修などを通して、教える側（上司・親・教師など）の人たちにアドバイスを行う。2007年シンガポールに拠点を開設し、グローバルリーダーの育成にも取り組む。

2012年から始めた「感情マネジメントが、どう人生や仕事の成果に影響を及ぼすのか」をテーマにした、「怒らない技術～人生･仕事の成果を劇的に変えるアンガーマネジメントのススメ」や、親子関係の改善により、自信を持って自分の才能を伸ばせる子どもの育成を目的としたセミナー「おこらない子育て」が好評を博し、日本、シンガポール、タイ、インドネシアなどアジア主要都市で開催する。

2013年、日本へ拠点を戻し、一般社団法人日本リーダーズ学会を設立。リーダーを、感情面とスキル面から支える世界で活躍するための日本人的グローバルリーダーの育成に取り組む。

主な著書としてシリーズ90万部を突破しベストセラーにもなった『怒らない技術』『怒らない技術2』『子どもが変わる　怒らない子育て』をはじめ、『あたりまえだけどなかなかできない　上司のルール』『目標を「達成する人」と「達成しない人」の習慣』『だから、部下がついてこない！』などがあり、著書は累計122万部を超える。

編集協力／Bullet Thinking

フォーマットデザイン／ panix（斎藤啓一）
カバー・帯デザイン／セキネシンイチ制作室
本文デザイン／松好那名（matt's works）
イラスト／細川貂々
DTP ／キャップス

不安をなくす技術

2015 年 1 月 25 日　　初版発行

著　者　嶋津良智
発行者　太田　宏
発行所　フォレスト出版株式会社
〒 162-0824 東京都新宿区揚場町 2-18　白宝ビル 5F
電話　03 - 5229 - 5750（営業）
　　　03 - 5229 - 5757（編集）
URL　http://www.forestpub.co.jp

印刷・製本　中央精版印刷株式会社

ISBN978-4-89451-956-5　Printed in Japan

2545新書『不安をなくす技術』

あなたの不安をリセットする！
読者限定2大プレゼント！

❶ 書くだけで気持ちがスッキリする！
「不安ログ」スペシャルシート
（PDFファイル）

❷ 著者・嶋津良智による
「不安ログ」スペシャルシート
使用法解説動画（動画ファイル）

今回のPDFファイルおよび動画ファイルは
本書をご購入いただいた方、限定の特典です！

※PDFファイルおよび動画ファイルは、お客様ご自身でお申し込みいただくものです。PDFファイルおよび動画ファイルはホームページで公開するものであり、CD・DVDなどをお送りするものではありません。